Mein schönstes Weihnachtsbuch

mit vielen
Geschichten, Liedern und Gedichten,
Backrezepten, Bastelanleitungen und Rätseln

Bilder von

Josefine Batke-Koller · Berti Breuer-Weber ·
Gisela Gottschlich · Felicitas Kuhn · Gerti Lichtl · Elfriede Türr

Pestalozzi-Verlag, Erlangen

ALLE JAHRE WIEDER....

Alle Jahre wieder kommt das Christuskind
auf die Erde nieder, wo wir Menschen sind.

Kehrt mit seinem Segen ein in jedes Haus,
geht auf allen Wegen mit uns ein und aus.

Ist auch dir zur Seite still und unerkannt,
daß es treu dich leite an der lieben Hand.

KNECHT RUPRECHT

Von drauß vom Walde komm' ich her;
ich muß euch sagen, es weihnachtet sehr!
Allüberall auf den Tannenspitzen
sah ich goldene Lichtlein sitzen;
und droben aus dem Himmelstor
sah mit großen Augen das Christkind hervor.
Und wie ich so strolcht' durch den finstern Tann,
da rief's mich mit heller Stimme an:
„Knecht Ruprecht", rief es, „alter Gesell,
hebe die Beine und spute dich schnell!
Die Kerzen fangen zu brennen an,
das Himmelstor ist aufgetan,
alt' und junge sollen nun
von der Jagd des Lebens einmal ruhn;
und morgen flieg' ich hinab zur Erden,
denn es soll wieder Weihnachten werden!"
Ich sprach: „O lieber Herre Christ,
meine Reise fast zu Ende ist.
Ich soll nur noch in diese Stadt,
wo's eitel gute Kinder hat." –
„Hast denn das Säcklein auch bei dir?"
Ich sprach: „Das Säcklein, das ist hier.
Denn Äpfel, Nuß und Mandelkern
essen fromme Kinder gern." –
„Hast denn die Rute auch bei dir?"
Ich sprach: „Die Rute, die ist hier;
doch für die Kinder nur, die schlechten,
die trifft sie auf den Teil, den rechten."
Christkindlein sprach: „So ist es recht;
so geh mit Gott, mein treuer Knecht!"
Von drauß vom Walde komm' ich her;
ich muß euch sagen, es weihnachtet seh
Nun sprecht, wie ich's hierinnen find'!
Sind's gute Kind, sind's böse Kind?

Nikolaussprüche

Wer kommt denn da geritten?
Herr Wude Wude Nikolaus,
laß mich nicht lange bitten
und schüttel deinen Beutel aus.
Norddeutschland

Lieber, guter Nikolaus,
lösch uns unsre Vieren aus,
mache lauter Einsen draus,
bist ein braver Nikolaus.
Berlin

Wo die Kinder folgen gern,
da bring ich Nuß und Mandelkern,
Äpfel, Birnen, Hutzeln und Schnitz
für den Hansl und Heiner,
für den Franzl und den Fritz.
Süddeutschland

Santi Niggi Neggi
hinterm Ofe steggi,
gim mer Nuß und Bire,
so köm i wieder fire.
Alemannisch

Ich komm von weit,
hab nicht viel Zeit,
drum haltet Speis und Trank bereit.
Der Stern scheint blank,
ich bleib nicht lang,
behüt euch Gott,
habt schönen Dank.
England

Niklaus, komm in unser Haus,
schütt dein goldig Säcklein aus,
stell den Esel an den Mist,
daß er Heu und Hafer frißt.
Hessen

Nikolaus, du frommer Mann,
komm mit deinem Schimmel an
und dem schwarzen Piet.
Alles, was man wünschen kann,
Spielzeug, Kuchen, Marzipan,
bring uns bitte mit.
Haben wir nicht recht getan,
so verzeih uns, heilger Mann,
Schimmelchen und Piet.
Westfalen

LEISE RIESELT DER SCHNEE....

Leise rieselt der Schnee,
still und starr ruht der See,
weihnachtlich glänzet der Wald –
freue dich, 's Christkind kommt bald!

In den Herzen wird's warm,
still schweigt Kummer und Harm,
hört nur, wie lieblich es schallt:
Freuet euch, 's Christkind kommt bald!

Bald ist Heilige Nacht,
Chor der Engel erwacht;
hört nur, wie lieblich es schallt:
Freue dich, 's Christkind kommt bald.

Nuß-Säcklein

Wer will mir mit seinen Backen
diese dreißig Nüsse knacken?
Beißt nur, daß die Schale kracht,
doch nehmt auch den Kern in acht!
Welcher Kopf hat keine Nase?
Welche Stadt hat keine Straße?
Welcher Laden hat keine Türe?
Welches Netz hat keine Schnüre?
Welcher Flügel hat keine Feder?
Welche Mühle hat keine Räder?
Welcher Mantel hat keinen Kragen?
Welcher Bauer hat keinen Wagen?
Welches Wasser hat keine Quelle?
Welcher Schneider hat keine Elle?
Welcher Hut hat keinen Rand?
Welcher König hat kein Land?
Welche Nadel hat kein Öhr?
Welche Mühle hat kein Wehr?
Welches Pferd hat keinen Huf?
Welcher Hahn hat keinen Ruf?
Welches Pflaster hat keinen Stein?
Welcher Stern hat keinen Schein?
Welches Schiff hat keinen Mast?
Welcher Baum hat keinen Ast?
Welches Faß hat keinen Spund?
Welches Haus hat keinen Grund?
Welcher Mann hat keine Frau?
Welcher Fuchs hat keinen Bau?
Welcher Schimmel hat keinen Stall?
Welche Büchs' gibt keinen Knall?
Welche Glocke gibt keinen Schall?
Welcher Ball tut keinen Fall?
Welche Jungfer trägt kein Geschmeid'?
Welcher Mann hat nie ein Kleid?
So, nun beißt und knackt gescheit!

Lösungen:
Briefkopf
Bettstoff
Rolladen
Straßennetz
Konzertflügel
Mühlespiel
Trauermantel
Vogelbauer
Regenwasser
Aufschneider
Fingerhut
Zaunkönig
Stecknadel
Windmühle
Heupferd
Wasserhahn
Heftpflaster
Ordensstern
Weberschiff
Mastbaum
Salzfaß
Vogelhaus
Hampelmann
Pferd
Schimmelpilz
Nadelbüchse
Käseglocke
Maskenball
Wasserjungfer
Schneemann

DIE
Weihnachts-
engelein

Der Petrus, unser Wettermann,
schaut sprachlos den Kalender an.
„Herrje", sagt er, „ jetzt wird es Zeit!
Der Weihnachtsabend ist ja heut.
Vor lauter Arbeit, Müh' und Hast,
da hätt' ich fast die Zeit verpaßt.
Herbei, herbei, ihr Engelein,
packt eure Siebensachen ein!"

Da gibt es in dem weiten Himmel
sogleich ein lärmendes Gewimmel.
Eins nimmt das süße Zeug zum Naschen,
eins möcht' den Hampelmann erhaschen.
Das Püppchen und der bunte Ball,
die süßen Plätzchen überall –
die schönsten Sachen sind zu finden –
husch – sieht man sie im Sack verschwinden!
Ein jedes will die schönsten Gaben
für s e i n e Erdenkinder haben!
Und über manche Herrlichkeit
gibt's fast auch bei den Englein Streit.
Doch endlich ist es dann so weit:
kein Plätzchen sieht man weit und breit,
kein Apfel leuchtet rot und blank –
jetzt sind sie fertig – Gott sei Dank!
„Ach, lieber Petrus, komm hervor,
und öffne uns das Himmelstor!"
Leis hört man Weihnachtsglocken klingen.
Die Englein öffnen ihre Schwingen,
und alle nehmen huckepack
Geschenkpaket und Gabensack.
Mal drüber und mal drunter,
so purzeln sie hinunter.

Viel' brave Kinder schau'n zu Haus
voll Sehnsucht nach dem Christkind aus.

In jedem Zimmer haben nun
die Engelein gar viel zu tun.
Das eine fliegt zum kleinen Peter,
und – dort seht – am Fenster steht er!
Der kleine Kerl kann's kaum erwarten –
da sieht ein Englein er im Garten!
Das Engelein fliegt schon ins Zimmer,
sein Bäumchen strahlt
              in hellem Schimmer –
die ganze Welt ist wie ein Traum,
der kleine Peter atmet kaum.
Ach, von des Engleins
              Weihnachtsgaben,
da möchte er so gern was haben!

Das Puppenkind, das Märchenbuch,
den Hampelmann, das bunte Tuch.
Die Schuh' dort drüben oder gar
dies Auto wäre wunderbar!
Der kleine Mund steht gar nicht still,
weil Peter alles haben will!
Da muß das liebe Englein lachen:
„Nein, Peter, das kann ich
              nicht machen!
Was sollen denn die Kinder denken,
wenn wir dem Peter alles schenken?
Ein jedes Kind will etwas haben
von all den schönen
              Weihnachtsgaben.

Doch sei nicht traurig, kleiner Mann –
für dich ist diese Eisenbahn,
der Kasperl und der Pudelhund
und diese Plätzchen süß und bunt!"
Da ist das Bübchen wieder froh.
„Ach, Englein", sagt's,
              „ich dank' dir so!"

Das kleinste Engelein von allen
läßt heut sein Stimmchen hell erschallen.
Es ist so froh, dabeizusein –
im letzten Jahr war's noch zu klein.
„Auf Wiedersehn", sagt es, „ich fliege
zum kleinen Klaus in seiner Wiege."

Der Klausi ist ein herz'ges Bübchen
mit allerliebsten Wangengrübchen.
Hei – wie's die dicken Ärmchen streckt,
als es das Engelein entdeckt!
Das nimmt den lustigen Hampelmann,
der – ach – so lustig hampeln kann,
und hält ihn über Klausis Wiege.
Na wart, denkt der, wenn ich dich kriege!

Wie er auch mit den Beinchen strampelt –
der Hampelmann, er hampelt, hampelt
und lacht das kleine Bübchen an,
weil es ihn nicht erwischen kann.
Doch als das liebe Englein fühlt,
der Klausi hat sich müd' gespielt –
ganz schläfrig sind die Äuglein schon –
da fliegt es sacht, ganz sacht, davon.

Der Klausi aber sieht im Traum
das Englein und den Weihnachtsbaum.

So fliegen sie von Haus zu Haus,
nie lassen sie ein Kindchen aus.
Bei allen Kindern kehr'n sie ein,
ob arm, ob reich, ob groß, ob klein,
und jedem Kind wird das gebracht,
was ihm die größte Freude macht.

Wer gerne liest, bekommt ein Buch,
wer sich gern schmückt, ein seidnes Tuch,
wer gerne läuft, kriegt neue Schuh'
und auch die Strümpfe noch dazu.

Und wer da malt mit großer Freude,
bekommt viel bunte Farben heute.
Die Mädchen, die recht brav gewesen,
bekommen Schaufelchen und Besen,
denn alle – sind sie noch so klein –
sie wollen Muttis Hilfe sein.

Und außerdem, der Puppenschar,
schmeckt einfach alles wunderbar!
Nie kommt ein Puppenkind gerannt
und jammert: „Es ist angebrannt!"
Sie essen mit vergnügter Miene
selbst Fischsalat mit Apfelsine.

Um sattzukriegen all die Tröpfe,
braucht man natürlich Pfannen, Töpfe,
ein Tischchen braucht man und auch Stühle,
denn Puppenkinder hat man viele.
Der Wunschzettel ans Christkind war
noch nie so lang wie dieses Jahr!

In jede Hütte, noch so klein,
zieht froher Weihnachtsschimmer ein.
Am Stadtrand wohnt die kleine Ruth,
die niemals etwas Böses tut.
Sie wohnt mit ihrem Mütterlein
im kleinen Häuschen ganz allein.
„Hör zu, mein Kind", sagt Mutti bang,
„dein Wunschzettel ist viel zu lang.
In diesem Jahr, ich sag's dir gleich,
ist unser Christkind gar nicht reich."
Da zieht die Ruth ihr Näschen kraus
und streicht fast alle Wünsche aus.
Nur einen möchte sie nicht missen:
den Weihnachtsbaum mit goldnen Nüssen,
mit Zuckerkringeln und mit Kerzen,
mit Kugeln und mit Kuchenherzen.
Ob den das Christkind bringen kann?
„O, Christkindlein, vergiß nicht dran!"
Am Weihnachtsabend wartet sie
so sehr aufs Christkind wie noch nie.
Und dann ist alles wie ein Traum:
der wunderschöne Weihnachtsbaum,
die vielen, heißersehnten Gaben!
Soll sie die ganz alleine haben?
„Natürlich", sagt ein Engelein,
„heut soll'n sich alle Kinder freun!"

Nun sind sie leer, die Gabensäckchen,
verteilt sind all die bunten Päckchen.
Der Englein Arbeit ist vollbracht,
sie schweben heim in stiller Nacht.
Doch es wird wieder Weihnacht werden,

dann fliegen sie zurück zur Erden.
Jetzt kommen sie ans Himmeltor
und rufen: „Petrus, tritt hervor!
Verteilt sind alle Weihnachtsgaben,
die wir hinabgetragen haben."

„So", sagt der Petrus, „kommt herein,
ihr müßt ja schrecklich müde sein.
Doch rasch, bevor ihr schlafen geht,
erzählt mir, wie's dort unten steht.
Habt ihr auch in der Heil'gen Nacht
zu jedem Kind etwas gebracht?
Ihr solltet alle glücklich machen,
heut sollen alle Kinder lachen.
Nun sprecht, wie steht's mit eurer Pflicht?
Ich hoffe, ihr enttäuscht mich nicht!"

Da lacht ein putziges Englein froh:
„Pfui, Petrus, pfui, was denkst du so?
Doch willst du uns nun mal nicht trauen,
dann mußt du selbst hinunterschauen.
Wozu hast sonst im Tore dort
voll Neugier du ein Loch gebohrt??"
Der Petrus hebt verschmitzt den Finger:
„Na, wartet nur, ihr frechen Dinger!
Solch vorlaut' Antwort ist nicht nett.
Marsch, ab mit euch ins Wolkenbett!"

Kaum sind die Englein außer Sicht,
da schmunzelt Petrus: „Warum nicht?
Ich leugne zwar das kleine Loch,
benützen aber tu' ich's doch!"
Er bückt sich vor und blickt ganz munter
zur weißverschneiten Erde runter.
Zwei Englein aber gucken kecke
dort drüben um die Wolkenecke.

„Seht", kichert eins, „ich hab's gesagt,
daß ihn jetzt gleich die Neugier plagt!
Die Erdenweihnacht ist so schön,
die will sogar der Petrus sehn!"
Der Petrus aber steht geduckt
am Loch im Tor – und guckt und guckt!
Wie herrlich ist der Wald verschneit,
kein Grashalm zeigt sich weit und breit.

Und in des Försterwaldes Mitte
steht eine große Futterkrippe
mit vielen Eicheln, Laub und Heu.
Die Tiere kommen ohne Scheu –
sie wissen: in der Heiligen Nacht
hat uns der Förster das gebracht.
„Schön, schön", brummt Petrus dann ganz leise
und schickt sein Auge auf die Reise.

Und weiter schweift des Petrus' Blick –
im Försterhaus herrscht großes Glück.
Ein froher Glanz ist in den Stuben
beim Förster und bei seinen Buben.
Der wunderschöne Lichterglanz
verzaubert selbst den Petrus ganz.
Doch was ist in den Stuben los!?
Da ist die Freude heute groß!
Da steht aus Holz ein grüner Wald –
so schön wie der vom Vater bald.
Und viele bunte Holztierlein,
die geben sich ein Stelldichein.
Sind all die Tiere auch aus Holz,
die Buben sind auf sie sehr stolz!
Es lebt und atmet jedes Tier
für sie in ihrem Jagdrevier,
und sind die beiden noch so klein,
ein jeder will ein Förster sein.

Da seufzt der Petrus voller Glück,
froh tritt vom Guckloch er zurück.

Er dreht dem Himmelstor den Rücken,
doch da – was muß er da erblicken?
„Nanu", grollt er im tiefsten Baß,
„was wollt ihr hier, was soll der Spaß?
Kann man denn vor euch Rasselbande
nie sicher sein im Himmelslande?
Pfui", murmelt er, „das ist nicht nett,
ich glaubte euch im Wolkenbett!"
Da müssen sich die Englein schämen.
„Ach, Petrus, tu dich doch nicht grämen",
sagt eines voll Bescheidenheit,
„es ist doch Weihnachtsabend heut.
Wir wollten wissen, wie es ist,
ob du mit uns zufrieden bist
und ob die Kinder dieses Jahr
so glücklich sind, wie's immer war."
Da muß der gute Petrus lachen:
„Ja, ja, ihr Englein macht schon Sachen!
Merkt meine kleinen Schwächen gleich
und deckt sie auf mit einem Streich.
Doch nach den kleinen Guckloch-Proben,
da muß ich euch schon einmal loben:
Ihr habt, wie stets zur Heil'gen Nacht,
heut eure Sache gut gemacht!"

Auf Erden sinkt die Nacht hernieder
und leise klingen Weihnachtslieder.

Weihnachtsbäckerei

Was wäre Weihnachten ohne den herrlichen Duft der guten Plätzchen, der schon einige Wochen vor dem Fest durch die Wohnung zieht? Unsere Vorfreude erwacht spätestens in dem Augenblick, in dem die Mutter das erste Blech mit fertiggebackenen Plätzchen aus dem Herd zieht. Am schönsten ist es, wenn du mithelfen oder gar alleine backen darfst. Das ist gar nicht so schwer, und im Notfall hilft die Mutter ja. Versuch doch mal die folgenden Rezepte!

LEBKUCHEN
Als erstes backen wir Lebkuchen. Das ist eine lustige Sache, denn man kann aus dem Teig alle möglichen Figuren formen.
Zunächst mußt du die Zutaten bereitstellen:

1 kg Mehl
750 g Bienenhonig
60 g Butter
150 g gemahlene Nüsse
20 g Pottasche
10 g Hirschhornsalz
2 Eier
2 Eßlöffel Milch
1 Teelöffel Nelken (gemahlen)
1½ Teelöffel Zimt

Erhitze Butter, Zucker und Honig in einer Schüssel und laß die Masse danach abkühlen. Ist es soweit, dann kommen Mehl, Nüsse, Gewürze und Eier hinein. Löse die Pottasche und das Hirschhornsalz in der Milch auf und gib alles in den Teig. Nun knetest du den Teig kräftig mit den Händen und läßt ihn schließlich über Nacht stehen.
Am nächsten Tag rollst du ihn ½ cm bis ¾ cm dick aus.
Vorher solltest du auf Pappe die Figuren vormalen, die du backen möchtest, und sie ausschneiden. Diese Figuren lege nun auf den Teig und schneide sie entlang ihren Umrissen aus. Lege die Teigfiguren auf ein gefettetes Blech und backe sie im vorgeheizten Backofen bei 200 Grad 15 bis 20 Minuten lang.

Für den Zuckerguß brauchst du:

1 Eiweiß
250 g Puderzucker

Verschlage das Eiweiß etwas und verrühre es mit dem Puderzucker zu einer dicken, zähen Masse. Forme aus Pergamentpapier eine Tüte und schneide die Spitze davon ab. In diese Tüte füllst du nun den Zuckerguß und malst damit die schönsten Muster auf die abgekühlten Lebkuchen. Zur Verzierung nimm Mandeln und Liebesperlen!

SPITZBUBEN

Der Teig für die Lebkuchen muß über Nacht ruhen. Wenn du Lust hast, kannst du in der Zwischenzeit Spitzbuben backen.
Dazu brauchst du:

500 g gesiebtes Mehl
200 g Zucker
250 g Butter oder Margarine
1 Päckchen Vanillezucker
2 Eier
125 g geriebene Haselnüsse
etwas Marmelade
etwas Puderzucker

Mit dem Handmixer rührst du die Butter schaumig, gibst dann Zucker, Vanillezucker und die Eier dazu und verrührst alles. Nun kommen langsam das gesiebte Mehl und die gemahlenen Haselnüsse hinein. Jetzt mußt du den Teig mit der Hand weiterkneten. Lege ihn dazu auf ein bemehltes Brett. Anschließend soll er 15 Minuten lang im Kühlschrank abkühlen. Danach rollst du ihn dünn aus, stichst sternförmige Plätzchen aus und legst diese auf ein gefettetes Backblech. Sie werden bei 200 Grad 15 Minuten lang gebacken. Schließlich klebst du davon je zwei mit der Marmelade zusammen und wälzt sie, wenn sie abgekühlt sind, in Puderzucker.

VANILLEKIPFERL

Die Plätzchen, die an Weihnachten wahrscheinlich als erste aus der bunten Schüssel verschwunden sein werden, sind die Vanillekipferl. Sie schmecken aber auch ausgezeichnet. Hier ist das Rezept.
Du brauchst:

200 g Mehl
150 g Butter
50 g Zucker
80 g geriebene Mandeln
1 Päckchen Vanillezucker
Puderzucker

Alle Zutaten außer Vanillezucker und Puderzucker kommen auf ein Brett, wo du sie mit den Händen zu einem festen Teig knetest. Danach laß den Teig 20 Minuten lang ruhen.
Inzwischen fettest du ein Backblech ein. Aus dem Teig formst du schließlich Hörnchen mit den Händen und legst sie auf das Blech. Sie werden bei 200 Grad 10 Minuten lang gebacken.
Nun vermische den Puderzucker mit dem Vanillezucker und wälze die noch warmen Hörnchen darin.

BUTTERPLÄTZCHEN
Und nun ein Rezept, bei dem du mit Förmchen alle möglichen Figuren ausstechen kannst. Wir backen Butterplätzchen.
Du brauchst dazu:

250 g Mehl
200 g Butter oder Margarine
100 g Zucker
1 Eigelb
1 Päckchen Vanillezucker
abgeriebene Schale einer halben Zitrone
(wie man das macht, steht auf der nächsten Seite.)
Knete alle Zutaten auf einem Brett zu einem glatten Teig und stelle diesen eine halbe Stunde lang kalt. Danach rollst du ihn 3 Millimeter dick aus und stichst mit Förmchen Plätzchen aus, die du auf ein gefettetes Backblech legst. Vor dem Bakken kannst du einen Teil mit Eigelb bestreichen – oder du läßt sie, wie sie sind, und verzierst sie nach dem Backen(200 Grad, 15 Minuten) mit der gleichen Zukkerglasur wie die Lebkuchen auf Seite 46.

KOKOSMAKRONEN

Für Kokosmakronen mußt du zunächst eine Zitrone sorgfältig waschen und dann ihre Schale mit einem feinen Reibeisen abreiben. Dann stelle die Zutaten bereit:

250 g Kokosflocken
250 g Zucker
5 Eiweiß
abgeriebene Schale einer Zitrone

Schlage mit dem Handmixer das Eiweiß zu ganz steifem Schnee. Dann gib langsam den Zucker, die Kokosflocken und die abgeriebene Zitronenschale dazu und hebe alles vorsichtig darunter. Verteile nun Oblaten auf ein Backblech und setze auf jede einen Teelöffel von der Kokosmasse. Nun werden die Kokosmakronen bei 150 Grad 20 Minuten lang gebacken.

VANILLEBUSSERL

Nun hast du 5 Eigelb übrig. Damit kannst du Vanillebusserl backen.
Du brauchst dazu:

5 Eigelb
2 Päckchen Vanillezucker
350 g Puderzucker

Schlage das Eigelb und den Zucker mit dem Handmixer sehr schaumig. Setze davon kleine Häufchen auf Oblaten und laß diese in der nur leicht warmen Backröhre trocknen.

Das himmlische Weihnachtsgebäck

Heute ist endlich der 24. Dezember! Auf diesen Tag warten Heike, Rudi und Doris schon lange mit großer Sehnsucht. Das heißt, eigentlich warten sie auf den Abend, denn der Heilige Abend ist der schönste Abend im ganzen Jahr. Um die Wartezeit zu verkürzen, gehen die Kinder am Nachmittag in den Park und füttern die Eichhörnchen und die Vögel. Und dann machen sie einen Besuch auf dem Weihnachtsmarkt.

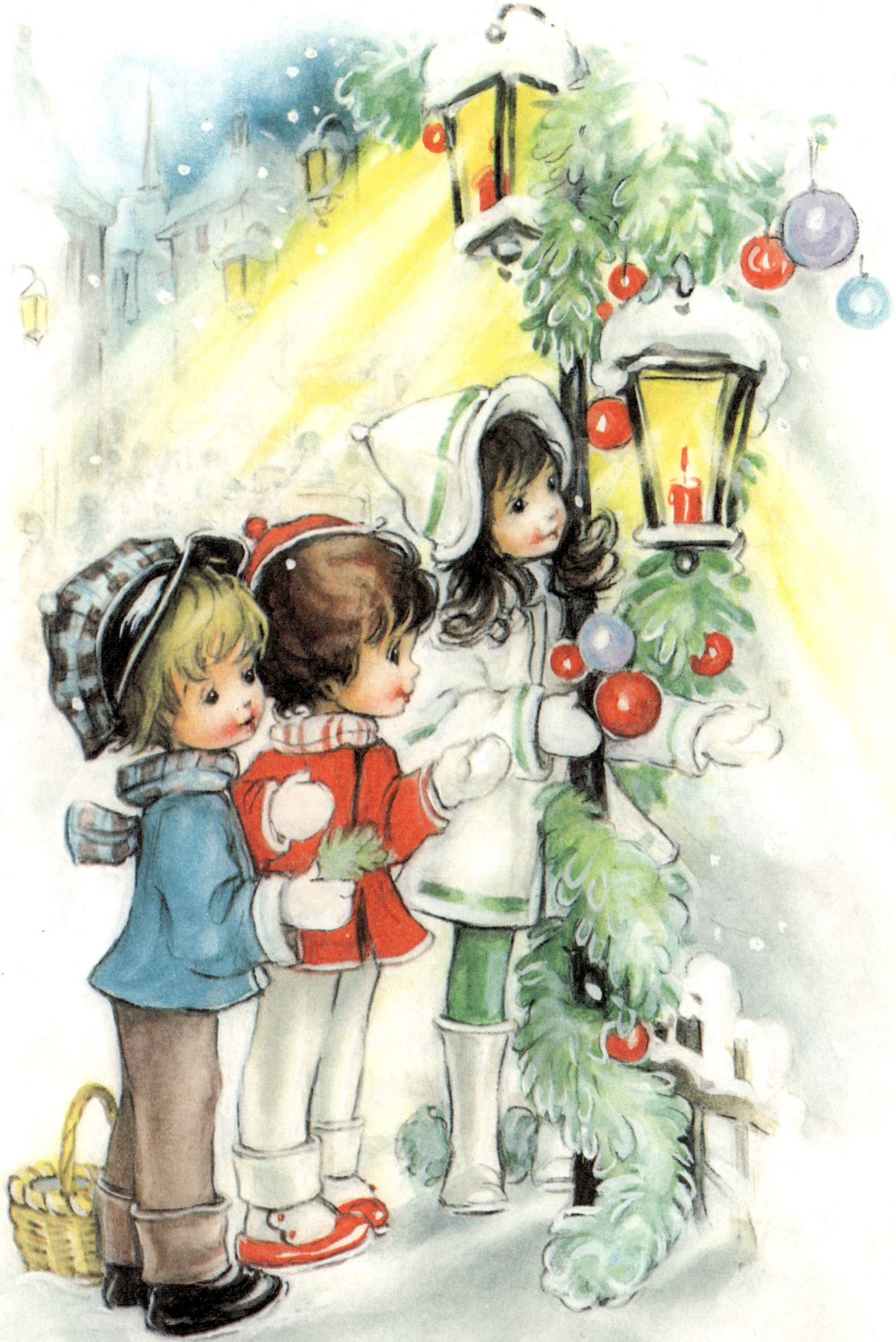

Wie festlich die Stadt geschmückt ist! In dicken Flocken fällt der Schnee und hüllt die Häuser in Dämmerlicht. Durch den Flockenzauber strahlen golden die Laternen. Hoppla — eben ist eine alte Frau gestolpert. Nun liegen all die eingekauften Päckchen im Schnee. Freundlich heben die drei Geschwister alles wieder auf — und bekommen zum Dank ein Geldstück! Rudi darf auf einem Schaukelpferd reiten.

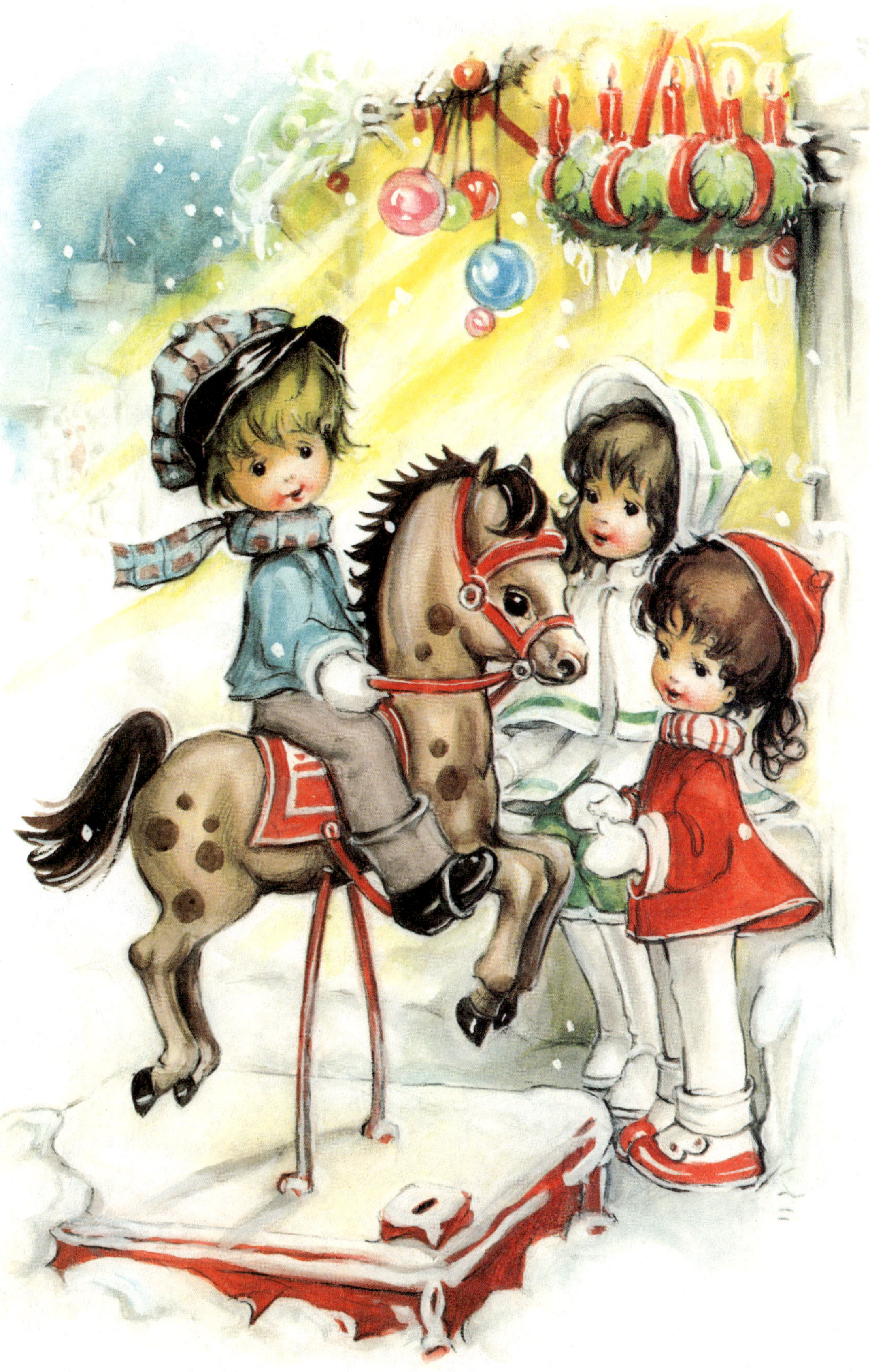

Mit glühenden Bäckchen sitzt er im Sattel. „Jetzt ist es genug", sagt Doris nach einer Weile, denn sie ist die Größte. „Wir wollen weitergehen!" Aber schon bei den Christbäumen bleiben Rudi und Heike wieder stehen. Und an dem lieben Nikolaus kommt Heike erst recht nicht vorbei! Sieh nur, Heike bekommt einen Luftballon!

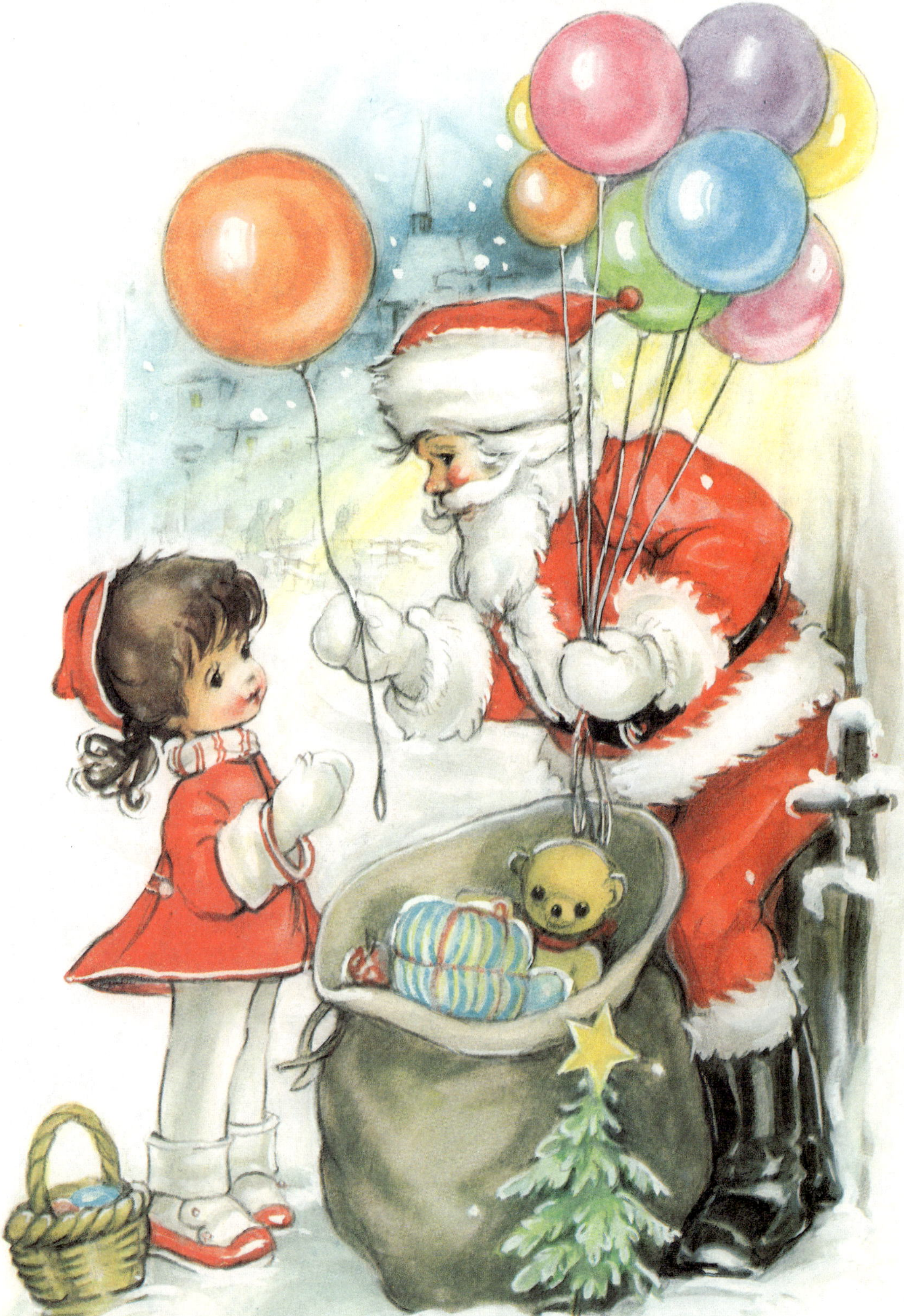

Was wohl das Christkind bringen mag? Vielleicht einen Teddy wie diesen im Schaufenster? Oder einen Kasperl, einen Ball? Die drei Kinder drücken sich die Nasen an der Schaufensterscheibe platt. Endlich kommen sie auf den Weihnachtsmarkt. Überall stehen beleuchtete Buden, und der Rauch von Holzkohlenfeuern steigt in die Luft. Mhmm, riecht das gut! Und was es hier alles zu sehen gibt!

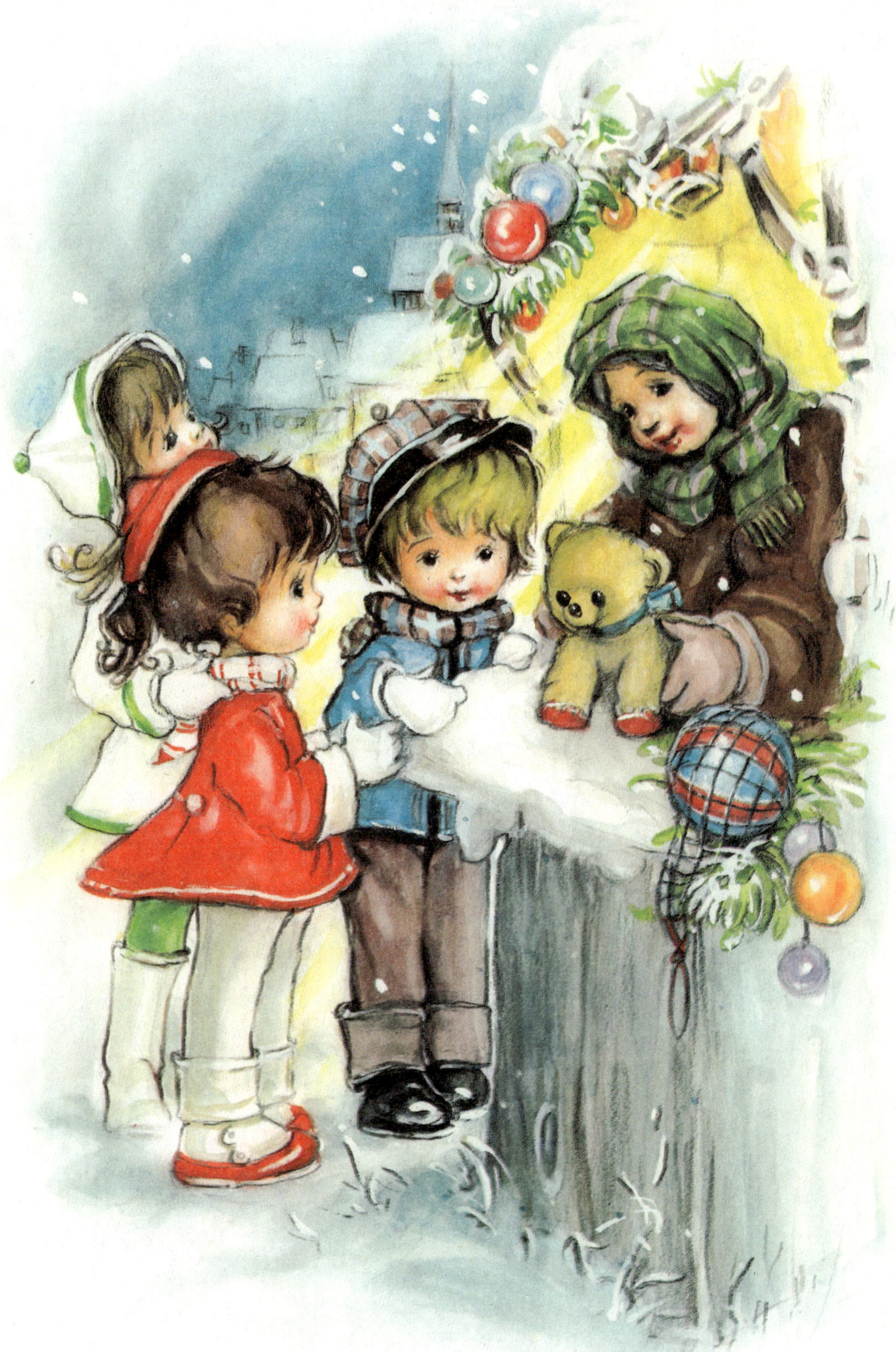

Da ist ein Stand mit lauter lustigen Zwetschgenmännchen. Rudi möchte so gerne eines haben! Aber Doris will das Geldstück, das ihnen die alte Frau geschenkt hat, redlich teilen. Wenn Rudi ein Zwetschgenmännchen bekommt, bleibt für die beiden Mädchen gar nichts mehr übrig. Also kauft sie für jeden eine Tüte mit gebrannten Mandeln. Mhmm — prima schmecken die!

47

Da ist ein Stand mit lauter herrlichem Christbaumschmuck. Das möchte Doris sich gerne ansehen. Aber Rudi und Heike haben etwas viel Schöneres entdeckt: Dort kommt mit Gebimmel eine altmodische Postkutsche durch den Schnee gefahren. Immer in der Weihnachtszeit wird sie von zwei Pferden durch die Stadt gezogen. Das ist ein großer Spaß für die Kinder.

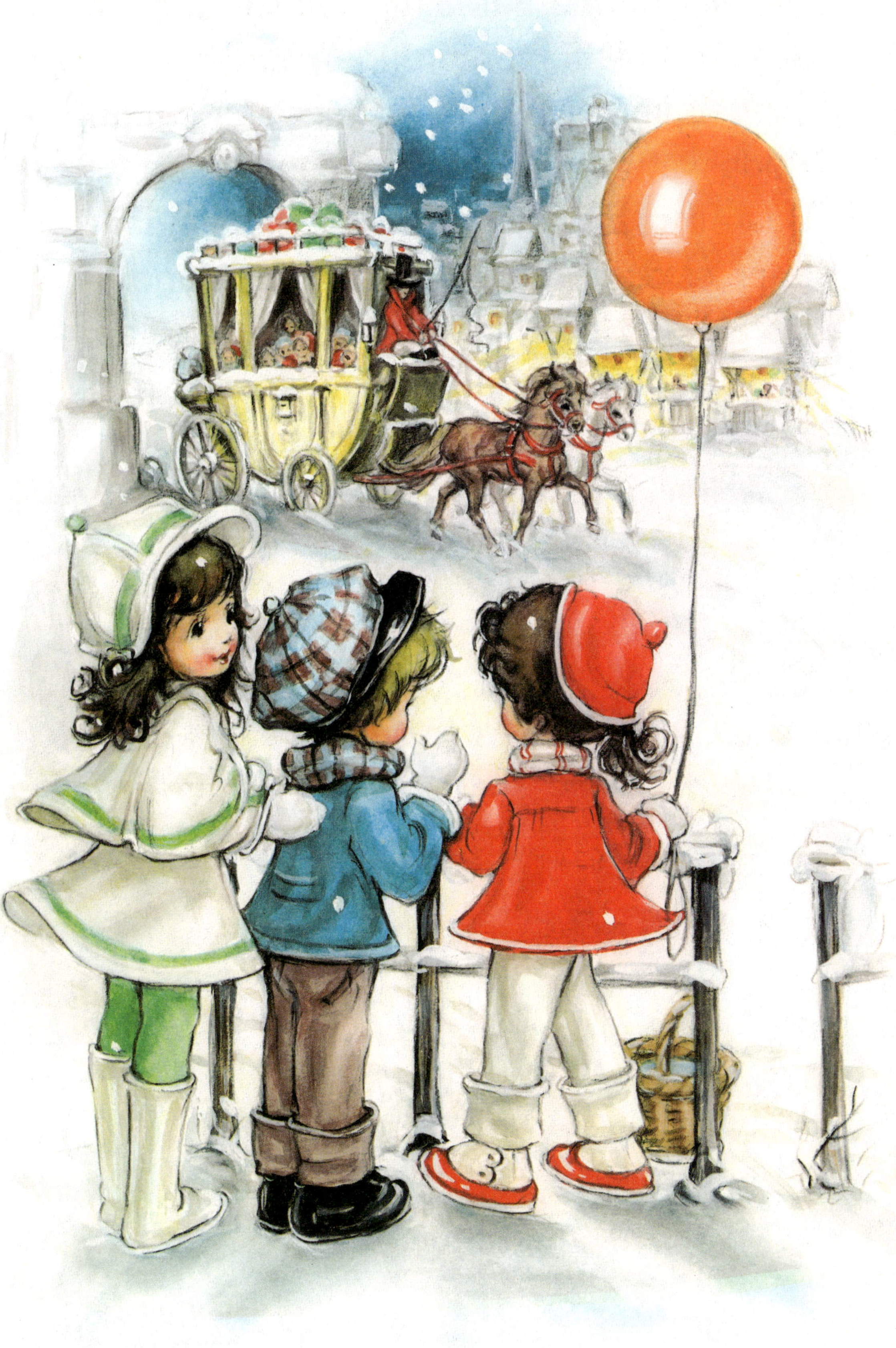

Die alte Kirche hat lustige weiße Mützen auf allen Mauervorsprüngen, und es schneit immer noch. Das ist das richtige Rodelwetter für die Weihnachtsferien. Das Allerschönste vom Weihnachtsmarkt aber ist die Krippe mit dem Jesuskind. Doris und Heike schauen es liebevoll an, doch der kleine Rudi ist ganz mit seinen gebrannten Mandeln beschäftigt.

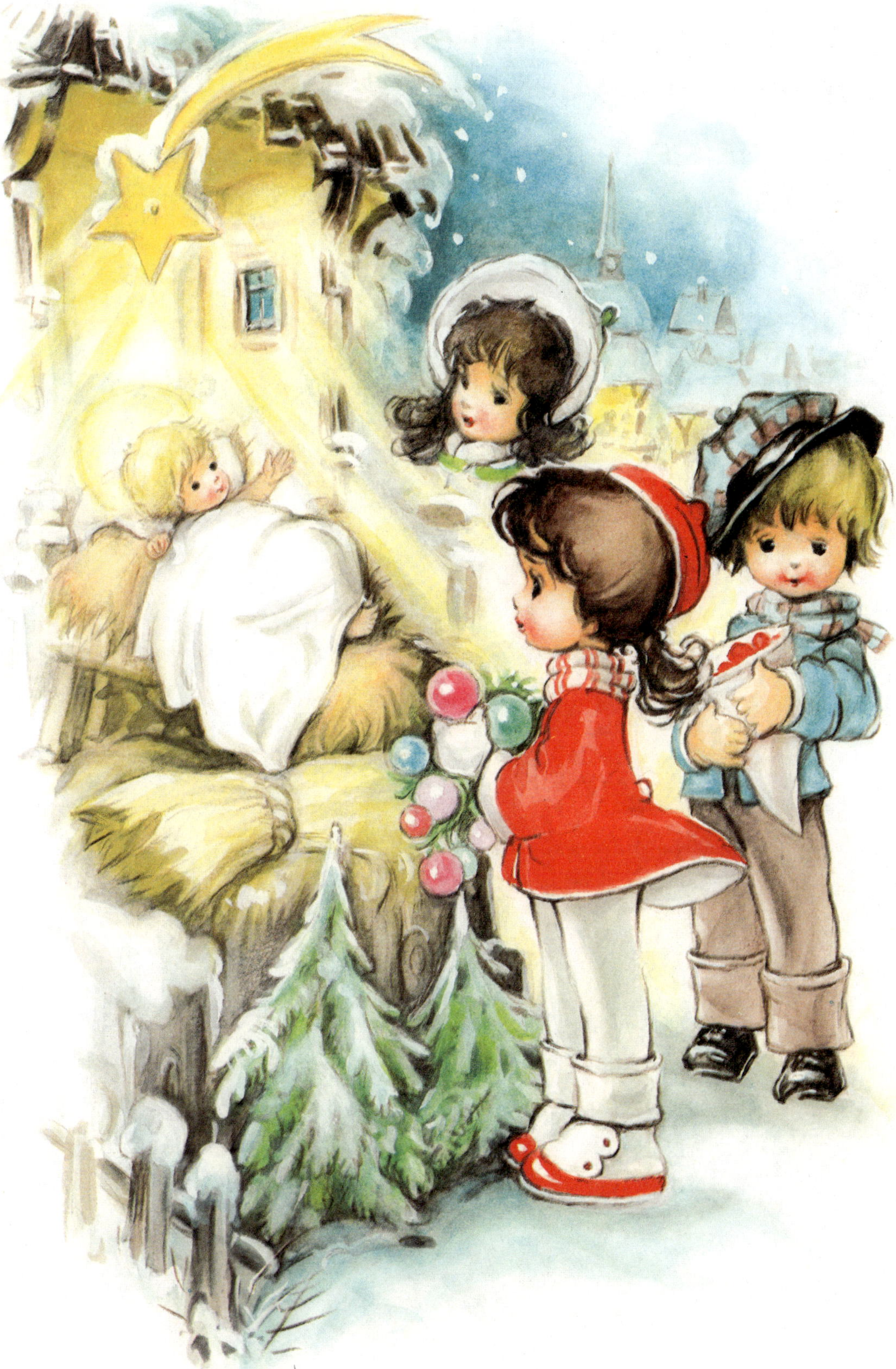

Hoch oben im Himmel holt gerade ein tolpatschiges Engelein ein Blech mit Weihnachtsgebäck aus dem Backofen. Und weil es ein tolpatschiges Engelein ist, fällt es hin, und all das leckere Gebäck rutscht vom Blech und fällt hinab auf die Erde. Und der Korb mit dem fertigen Gebäck purzelt hinterdrein. Das kleine Engelein ist sehr erschrocken.

53

Als der kleine Rudi unten auf dem Weihnachtsmarkt einmal in den Himmel schaut, sieht er lauter goldgelbes Gebäck aus den Wolken fallen. Hei — wie hurtig wird es aufgesammelt! Was im Mund nicht mehr Platz hat, landet in den Manteltaschen. Sogar Rudis Mütze wird voll bis zum Rand. „Da werden die Eltern staunen!" sagt Doris.

55

Als die Kinder nach Hause kommen, erzählen sie die Geschichte von dem Weihnachtsgebäck, das plötzlich vom Himmel gefallen ist. Zuerst will es die Mutti nicht glauben, aber — in der Weihnachtszeit ist ja schließlich alles möglich.
„Nun kommt aber!" sagt sie, „das Christkind war inzwischen da!"

DER TRAUM

Ich lag und schlief; da träumte mir
ein wunderschöner Traum:
Es stand auf unserm Tisch vor mir
ein hoher Weihnachtsbaum.

Und bunte Lichter ohne Zahl,
die brannten ringsumher;
die Zweige waren allzumal
von goldnen Äpfeln schwer.

Und Zuckerpuppen hingen dran;
das war mal eine Pracht!
Da gab's, was ich nur wünschen kann
und was mir Freude macht.

Und als ich nach dem Baume sah
und ganz verwundert stand,
nach einem Apfel griff ich da,
und alles, alles schwand.

Da wacht' ich auf aus meinem Traum,
und dunkel war's um mich.
Du lieber, schöner Weihnachtsbaum,
sag an, wo find' ich dich?

Da war es just, als rief er mir:
„Du darfst nur artig sein;
dann steh ich wiederum vor dir;
jetzt aber schlaf nur ein!

Und wenn du folgst und artig bist,
dann ist erfüllt dein Traum,
dann bringet dir der heil'ge Christ
den schönsten Weihnachtsbaum."

MORGEN, KINDER...

Morgen, Kinder, wird's was geben,
morgen werden wir uns freun.
Welch ein Jubel, welch ein Leben
wird in unserm Hause sein!
Einmal werden wir noch wach,
heissa, dann ist Weihnachtstag!

Wie wird dann die Stube glänzen
von der hellen Lichter Zahl!
Schöner als bei frohen Tänzen
ein geputzter Kronensaal!
Wißt ihr noch vom vor'gen Jahr,
wie's am Heil'gen Abend war?

Welch ein schöner Tag ist morgen!
Viele Freuden hoffen wir;
unsre lieben Eltern sorgen
lange, lange schon dafür.
O gewiß, wer sie nicht ehrt,
ist der ganzen Lust nicht wert!

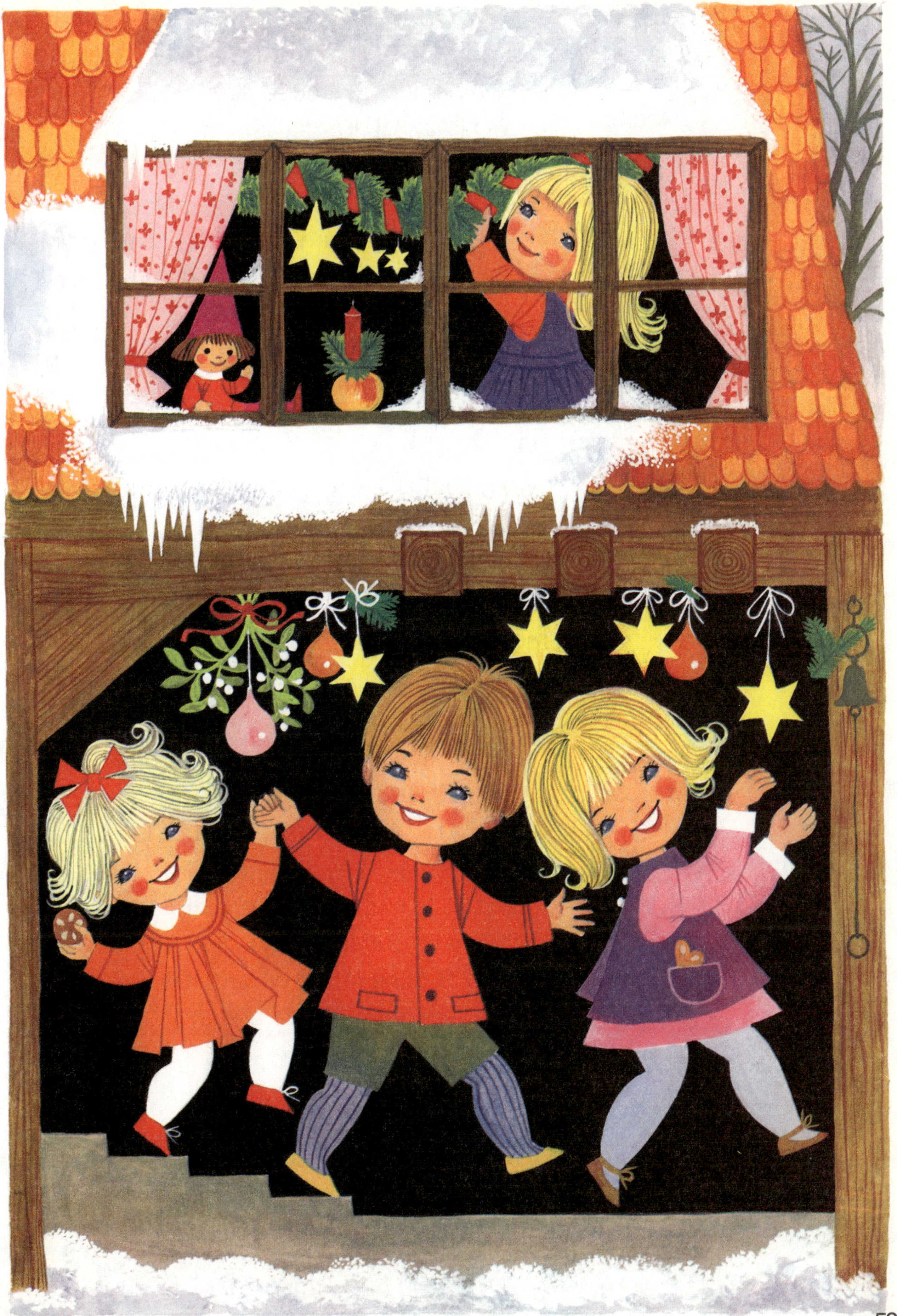

Süßer die Glocken nie klingen,
als zu der Weihnachtszeit,
's ist, als ob Engelein singen
wieder von Frieden und Freud.
Wie sie gesungen in seliger Nacht –
wie sie gesungen in himmlischer Pracht!
Glocken mit heiligem Klang,
klinget die Erde entlang!

Oh, wenn die Glocken erklingen,
schnell sie das Christkindlein hört,
tut sich vom Himmel dann schwingen,
eilet hernieder zur Erd',
segnet den Vater, die Mutter, das Kind,
segnet den Vater, die Mutter, das Kind,
Glocken mit heiligem Klang,
klinget die Erde entlang!

SÜSSER DIE GLOCKEN NIE KLINGEN…

Klinget mit lieblichem Schalle
über die Meere noch weit,
daß sich erfreuen doch alle
seliger Weihnachtszeit;
alle aufjauchzen mit einem Gesang,
alle aufjauchzen mit einem Gesang.
Glocken mit heiligem Klang,
klinget die Erde entlang!

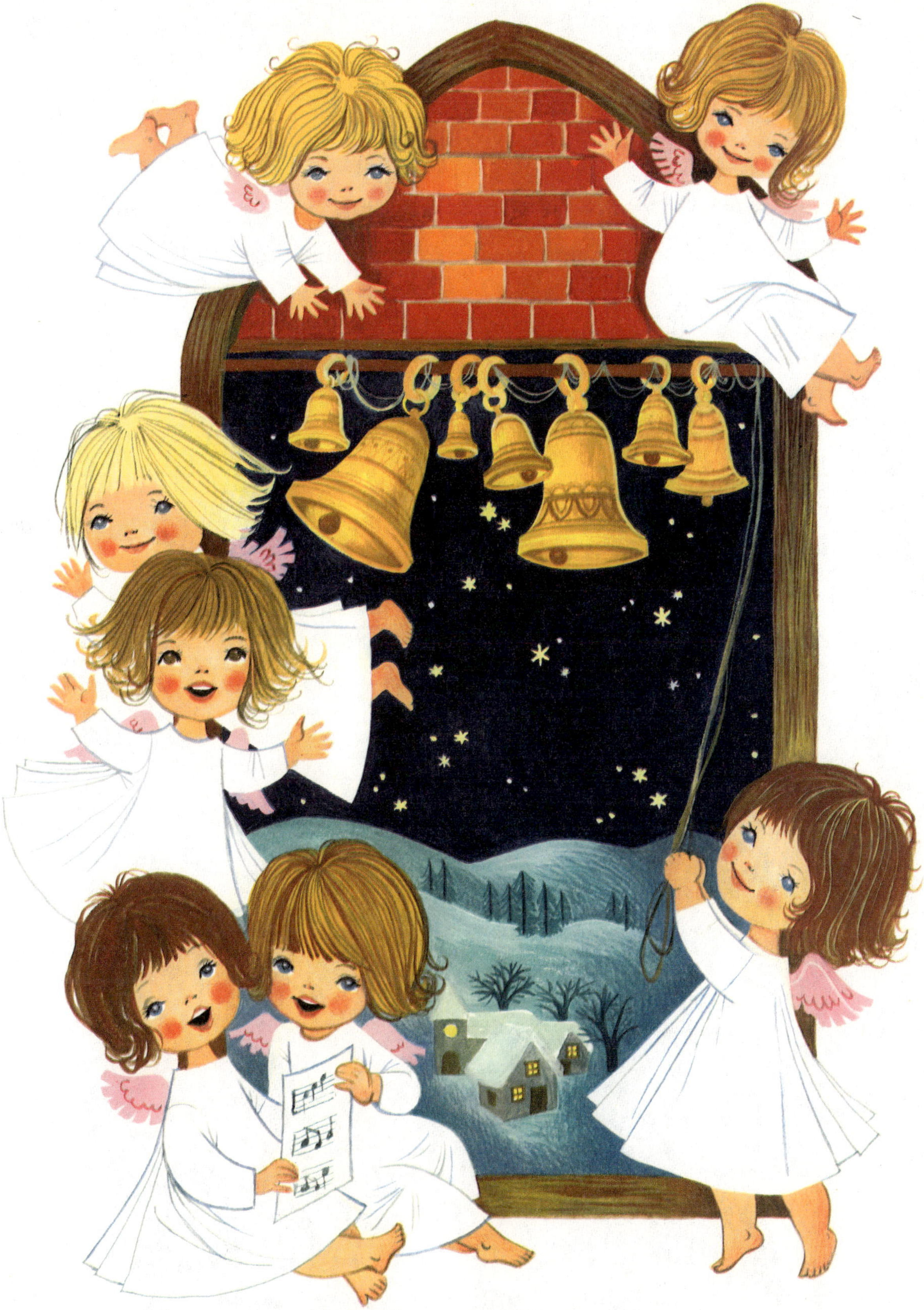

O Tannenbaum

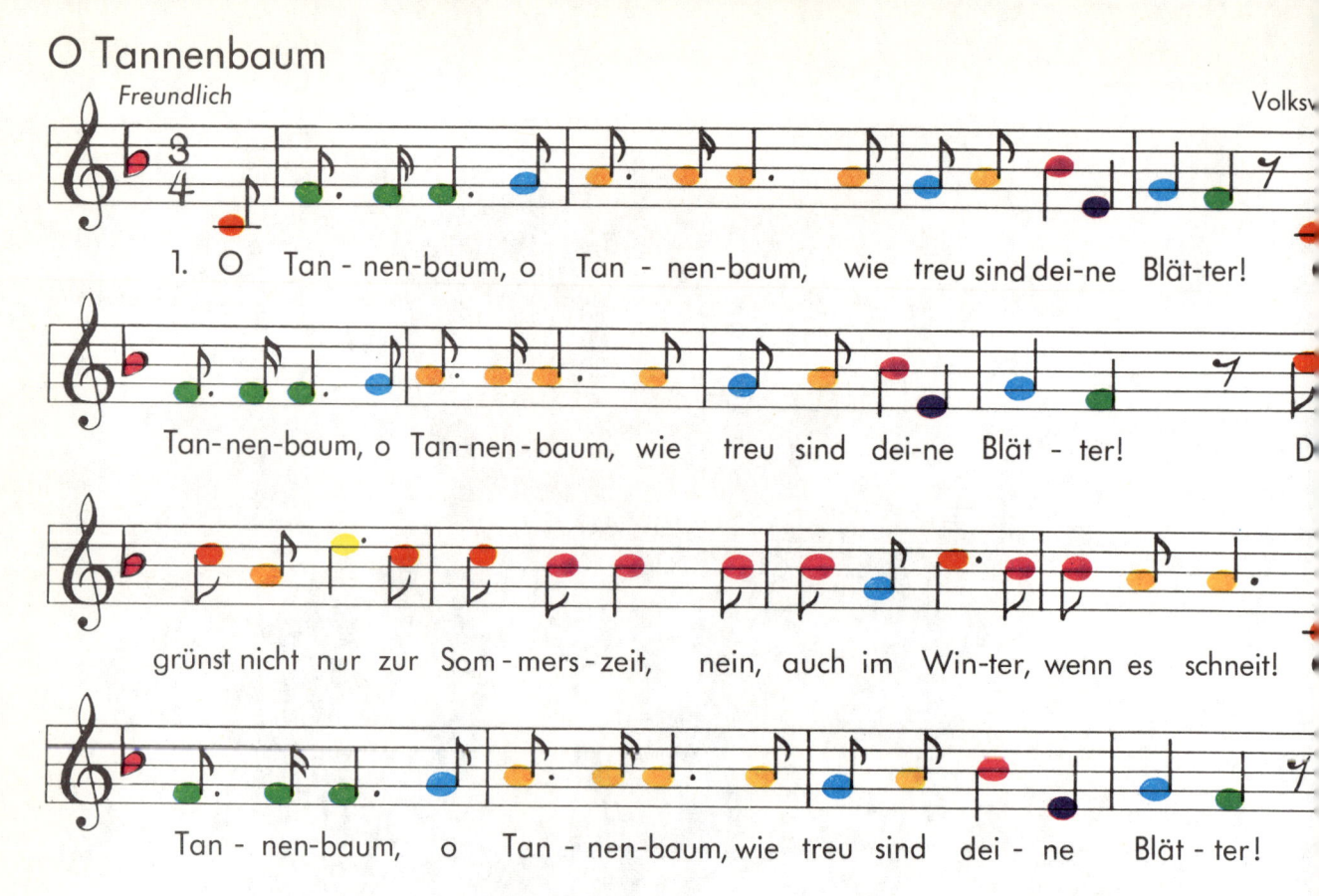

Freundlich

Volksw[eise]

1. O Tan-nen-baum, o Tan-nen-baum, wie treu sind dei-ne Blät-ter!
Tan-nen-baum, o Tan-nen-baum, wie treu sind dei-ne Blät-ter!
grünst nicht nur zur Som-mers-zeit, nein, auch im Win-ter, wenn es schneit!
Tan-nen-baum, o Tan-nen-baum, wie treu sind dei-ne Blät-ter!

2. O Tannenbaum, o Tannenbaum
du kannst mir sehr gefallen.
Wie oft hat nicht zur Weihnachtszeit
ein Gruß von dir mich hoch erfreut!
O Tannenbaum, o Tannenbaum,
du kannst mir sehr gefallen!

3. O Tannenbaum, o Tannenbaum,
dein Kleid will mich was lehren!
Die Hoffnung und Beständigkeit
gibt Mut und Kraft zu jeder Zeit!
O Tannenbaum, o Tannenbaum,
dein Kleid will mich was lehren.

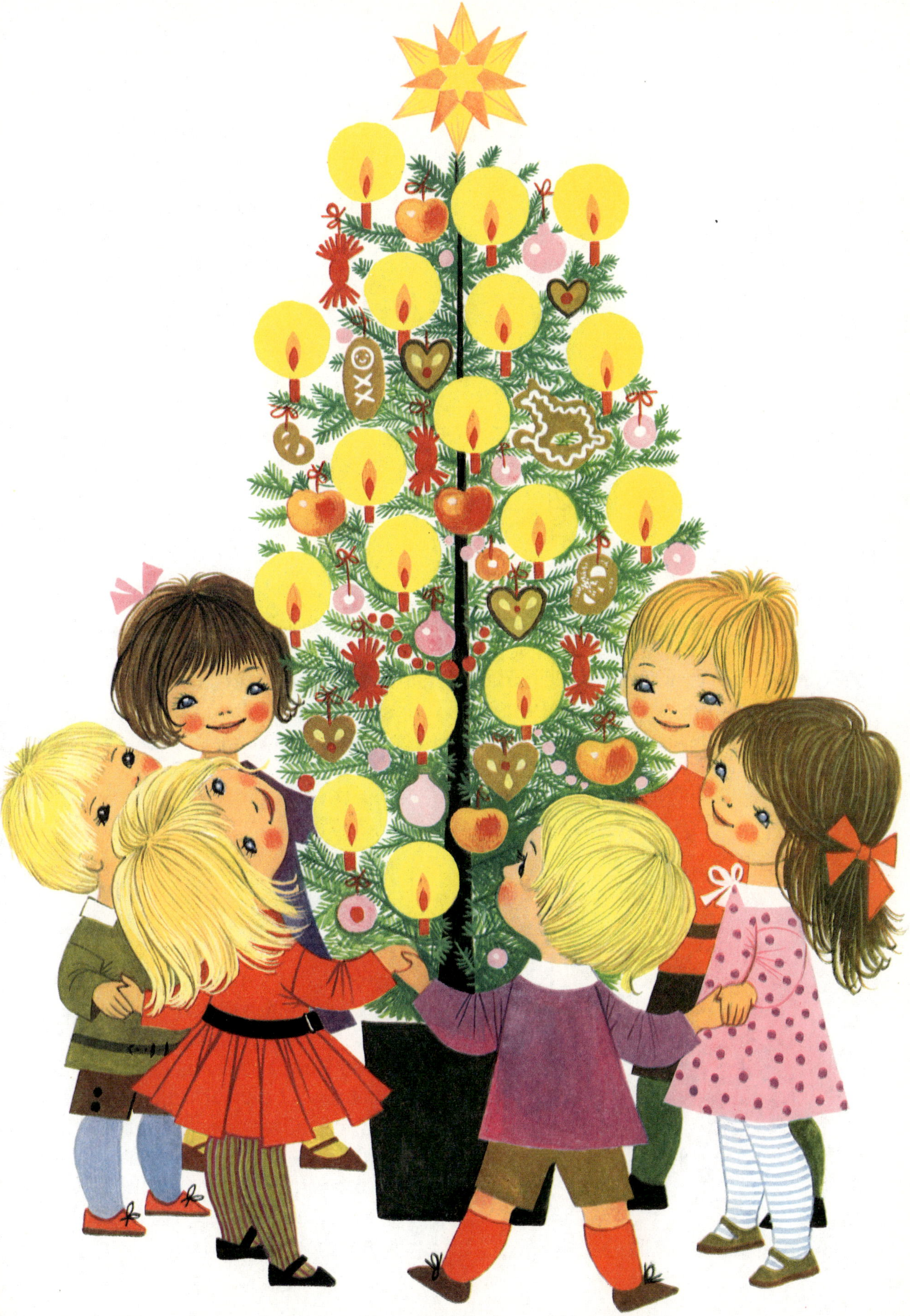

Wer bastelt mit?

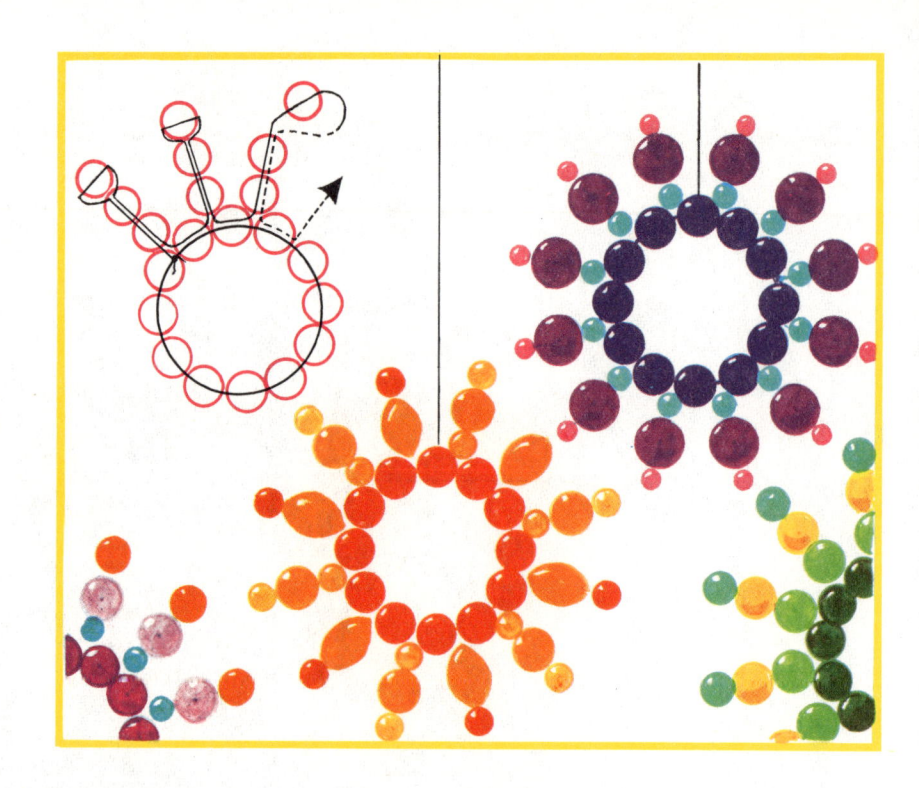

GLITZERSTERNE – Du brauchst:
Bunte Glasperlen und feinen Blumendraht. Du fädelst 12 Perlen auf und schließt einen Ring. Auf der Zeichnung siehst du, wie die Strahlen gemacht werden: Du faßt zwei oder drei Perlen auf und schiebst den Draht durch die ersten beiden Perlen zurück und durch eine Perle des Rings, dann fädelst du die nächsten auf und wiederholst das Ganze, bis zwischen allen Perlen des Ringes Strahlen hervorkommen.

EIN ZAPFENMÄNNLEIN
Es besteht aus einem Kiefernzapfen mit einer dicken Holzperle als Kopf. Das Gesicht ist aufgemalt. Die Haare sind aus Hanf, der Fuß ist ein Stück Garnrolle. Die spitze Zipfelmütze wurde aus Filz geklebt. Als Schal trägt das Männchen ein Stückchen buntes Band. Alle Teile wurden mit Alleskleber aneinandergeklebt.

DAS NUSSMÄNNCHEN

Zeichne die Umrisse von Mantel, Mütze und Ärmel durch ein durchsichtiges Butterbrotpapier (bedenke, daß du den Ärmel doppelt brauchst!) und übertrage die Teile auf ein rotes Buntpapier. In den gelben Feldern siehst du genau, wie du das Kleidchen kleben und einschneiden mußt. Dann klebst du das Nußköpfchen auf, dem du zuvor ein lustiges Gesicht gegeben hast. Der hübsche, weiße Bart besteht aus Watte, ebenso der Rand und die Bommel am Mützchen. Nun klebst du noch die Arme an, und das Nußmännchen ist fertig.

Mantel

Mütze

Ärmel

Spitze einschneiden u. umschlagen

DIE LUSTIGEN PFLAUMENMÄNNER

1. Zuerst werden zwei Drähte miteinander verbunden.

2. Große, gedörrte Pflaumen werden auf den Drähten aufgereiht. Die Drahtenden biegst du nach innen. Für den Leib kannst du statt Pflaumen auch Feigen verwenden.

3. Dann klemmst du die obere Drahtschlinge in eine Nuß, auf die du zuvor ein Gesicht gemalt hast.

4. In eine Holzscheibe bohrst du vier Löcher und befestigst die Figuren mit Blumendraht.

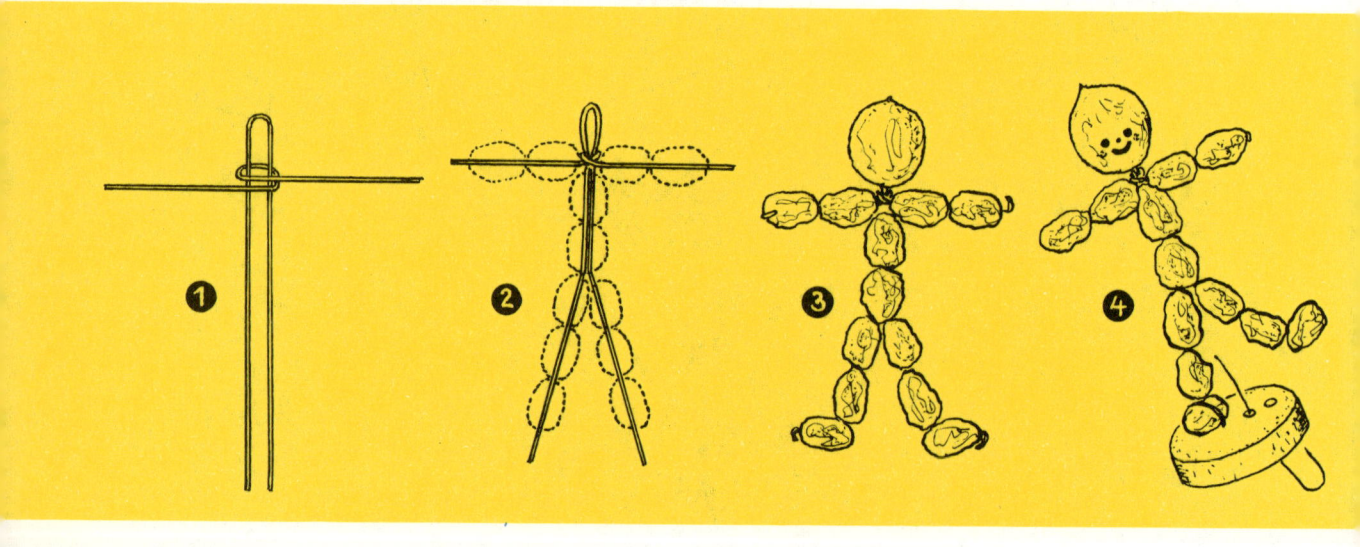

ZUBEHÖR

Übertrage die Schnittmuster für Zylinder, Mütze und Kragen auf Filz. Für den Zylinder rollst du Z1 und klebst es zusammen. Z2 wird daraufgesetzt und der Rand Z3 unten an der Röhre befestigt. Den Schirm faltest du aus Papier, das in der Mitte gegen einen Draht geklebt wird.

Der Schornsteinfeger trägt ein Marzipanschwein, der Kavalier eine Schokoladenflasche.

Das Negermädchen hat einen Bastrock an und eine Papierscheibe als Hut auf dem Kopf. Die Haare sind aus gezupfter Wolle.

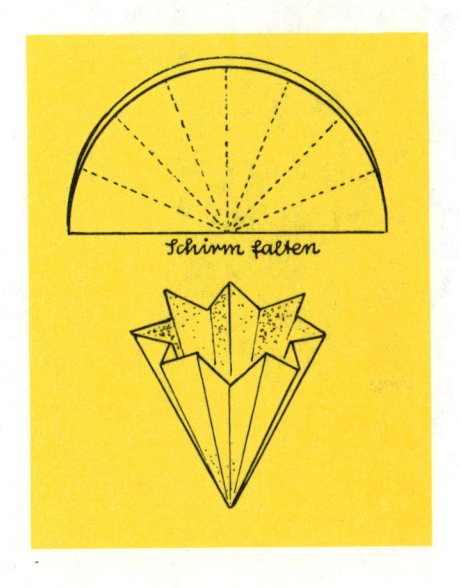

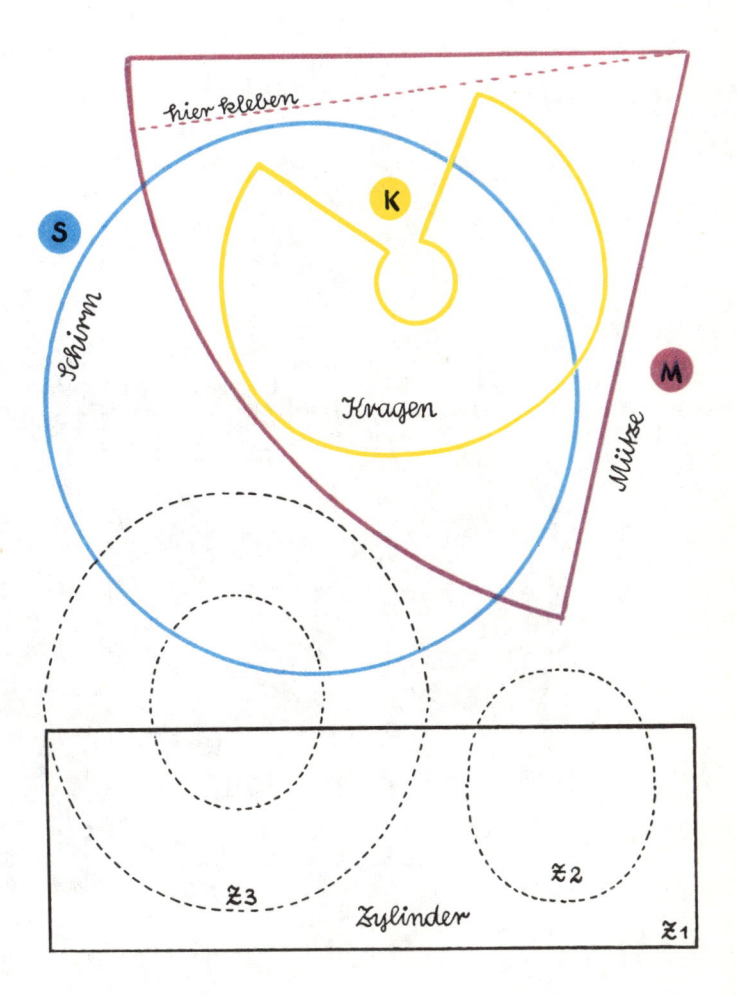

Wichtel-Weihnacht

Ein kalter Wind die Flocken treibt,
wer schreiben kann, ans Christkind schreibt –
wie unsre beiden Kinder hier:
„Ach, liebes Christkind, bringe mir..."

In jedem Haus ein Brieflein liegt,
zu jedem Haus ein Englein fliegt;
viel Kinder gibt es nah und fern,
und alle Kinder wünschen gern......

......und alle Kinder wünschen viel:
ein schönes Buch, ein frohes Spiel,
ein Auto, eine Eisenbahn,
ein Püppchen, einen Hampelmann.

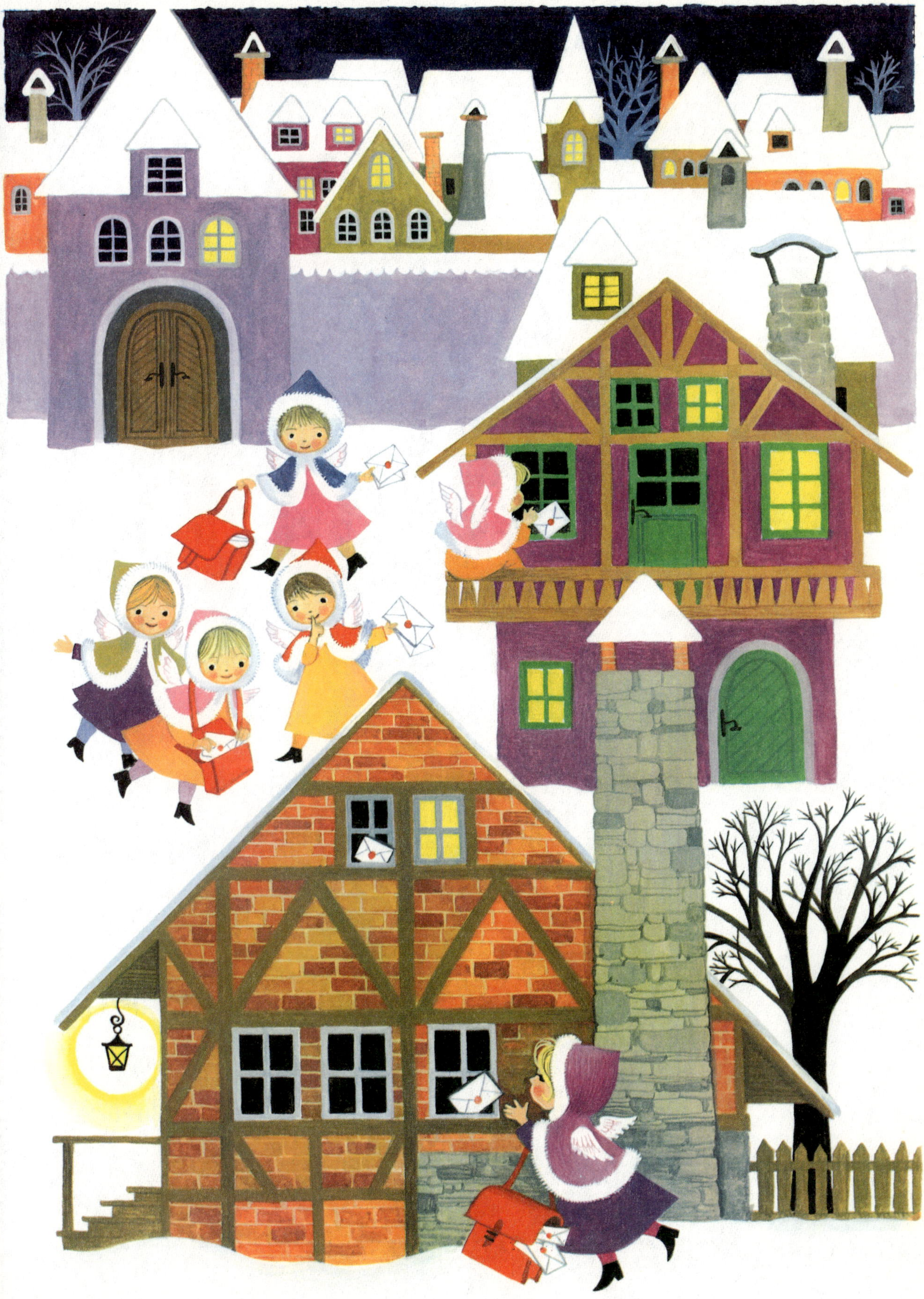

Die kleinen Englein tragen schwer
von überall die Briefe her –
von Nord und Süd, von West und Ost –
ein großer Korb ist voll mit Post.

Das Christkind schaut die Wünsche an –
o weh, wer die erfüllen kann?!
Die Himmelswerkstatt ist zu klein,
die Englein schaffen's nicht allein!

Wer hilft da möglichst heute noch?
Vielleicht die Zwerglein? Fragt sie doch!
Zwei Weihnachtsenglein fliegen bald
zum Wichtelhaus im Zwergenwald.

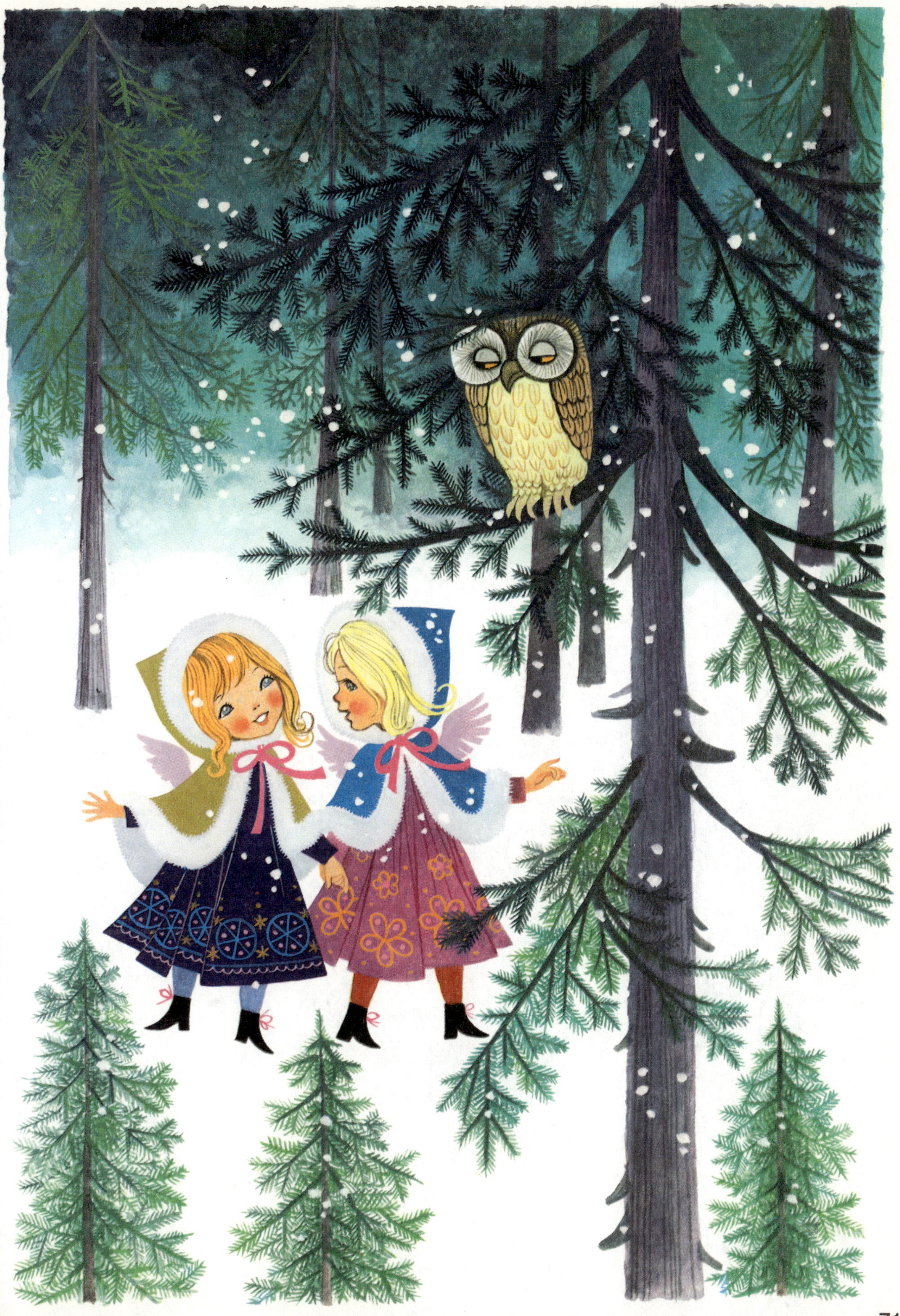

Bald haben sie es dann entdeckt,
das Häuschen – ganz im Schnee versteckt;
das letzte Stück gehn sie zu Fuß.
„Vom Christkind einen schönen Gruß!

Es hat uns heut zu euch geschickt,
weil großer Kummer es bedrückt.
Das Weihnachtsfest ist nicht mehr weit,
viel Arbeit gibt's – es drängt die Zeit.

Wollt ihr nicht unsre Helfer sein?"
Das Zwerglein sagt: „O tretet ein!
Es ist uns eine große Freud' –
wir helfen gerne jederzeit!"

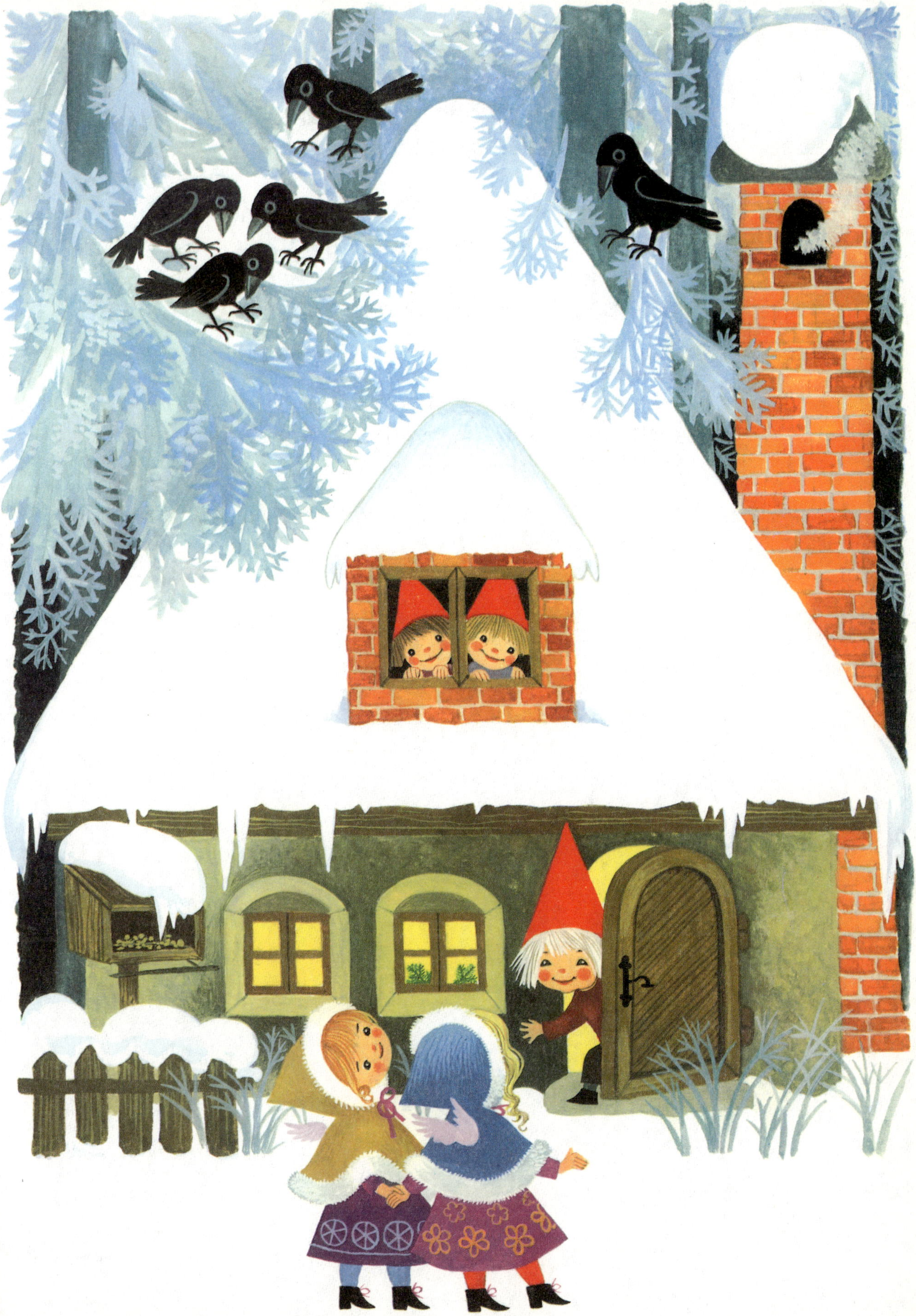

Vergessen ist die Kälte schnell
bei einem Feuer warm und hell.
Im warmen Stübchen sind im Nu
die Strümpfchen trocken und die Schuh'.

Liegt auf dem Dach auch dicker Schnee –
am Ofen dampft der Kräutertee.
Ein Zwerg bringt Mus und Brot geschwind,
weil die zwei Englein hungrig sind.

Die lieben Zwerge fangen dann
voll Eifer mit der Arbeit an;
zum Christbaumwald sieht man sie gehn,
wo viele Tannenbäumchen stehn.

75

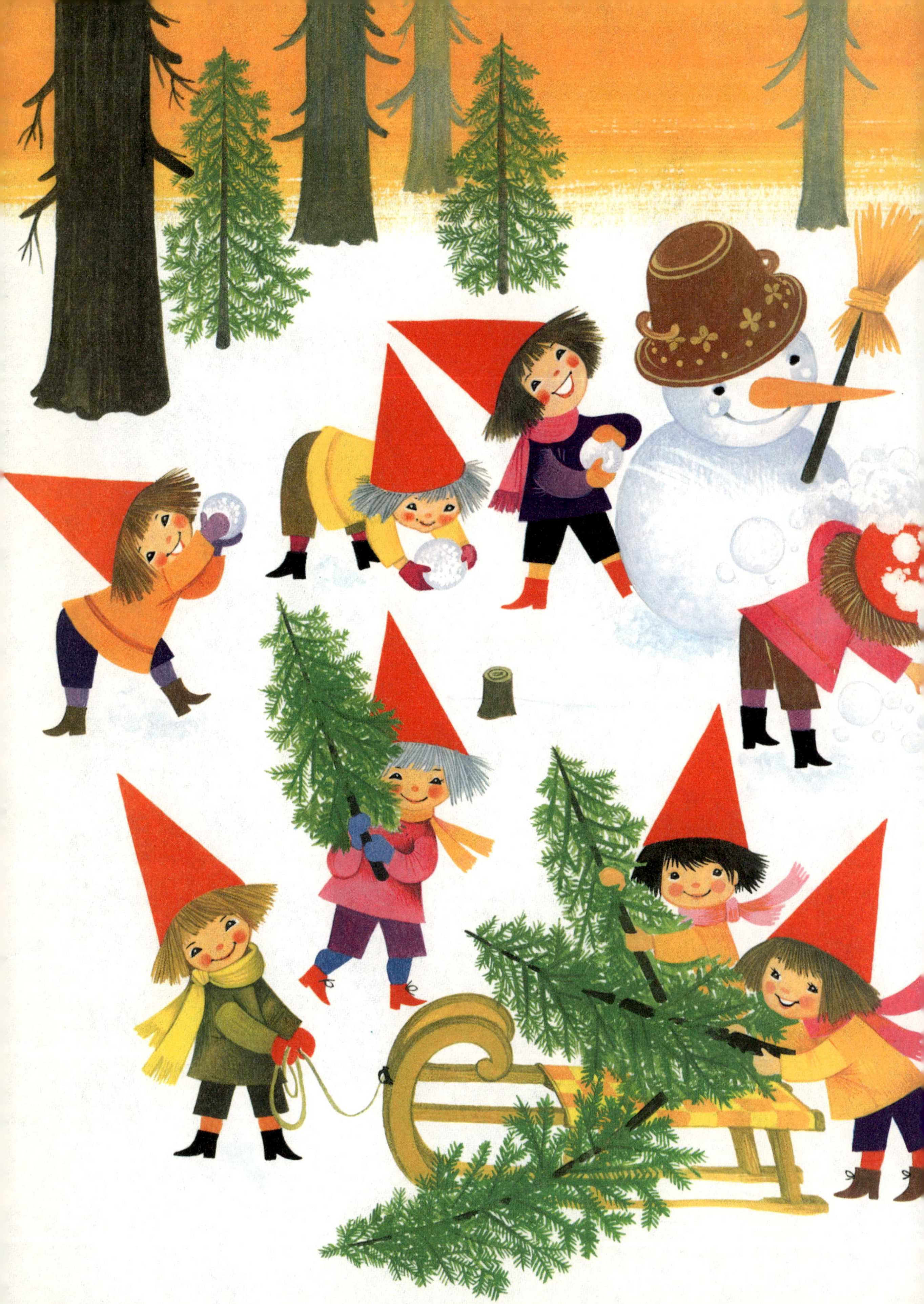

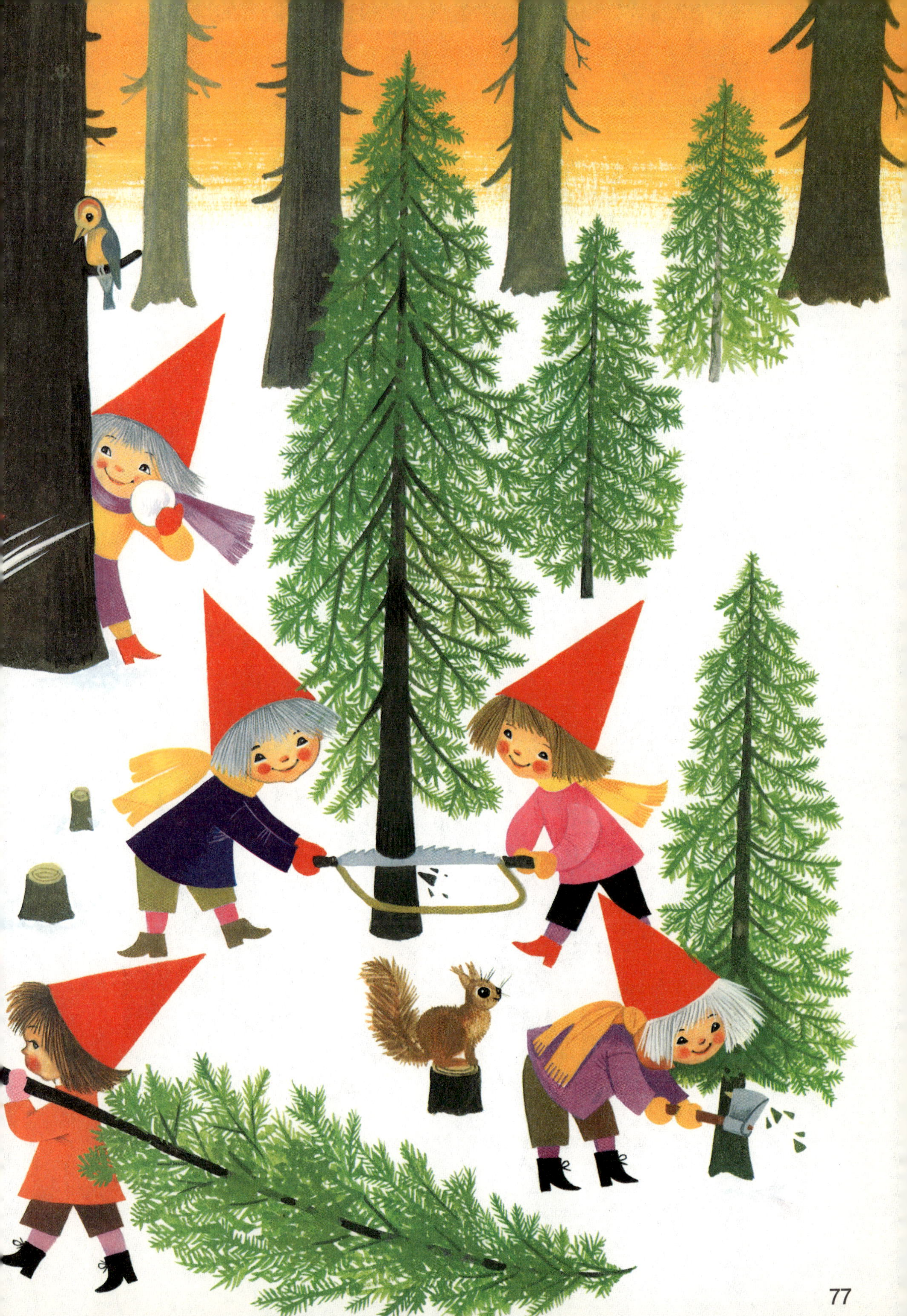

Kein einziges Zwerglein kann jetzt ruhn,
so schrecklich viel gibt es zu tun.
In aller Eile – eins, zwei, drei –
bringt Holz und Werkzeug man herbei.

Ein Zwerglein malt, eins schneidet aus,
eins macht ein Pferdchen, eins ein Haus.
Die Wiege und der Reitersmann,
die sind für Ruth und Christian.

Was jedes Kind sich wünscht im Land,
das ist den Zwerglein wohlbekannt.
Was Kinder wünschen nah und fern –
die guten Zwerglein machen's gern.

79

Und eines Tages ist's soweit –
es ist auch schon die höchste Zeit!
Die vielen Gaben, bunt und schön,
die kann man alle fertig sehn.

Dann wird verpackt – du siehst es hier –
mit bunten Bändern und Papier.
Und endlich wird – es ist schon Nacht –
das letzte Päckchen zugemacht.

Die Schlittenglöckchen klingen hell,
ihr Zwerglein, bringt die Päckchen schnell!
Der Schlitten fährt bepackt davon,
und morgen kommt das Christkind schon.

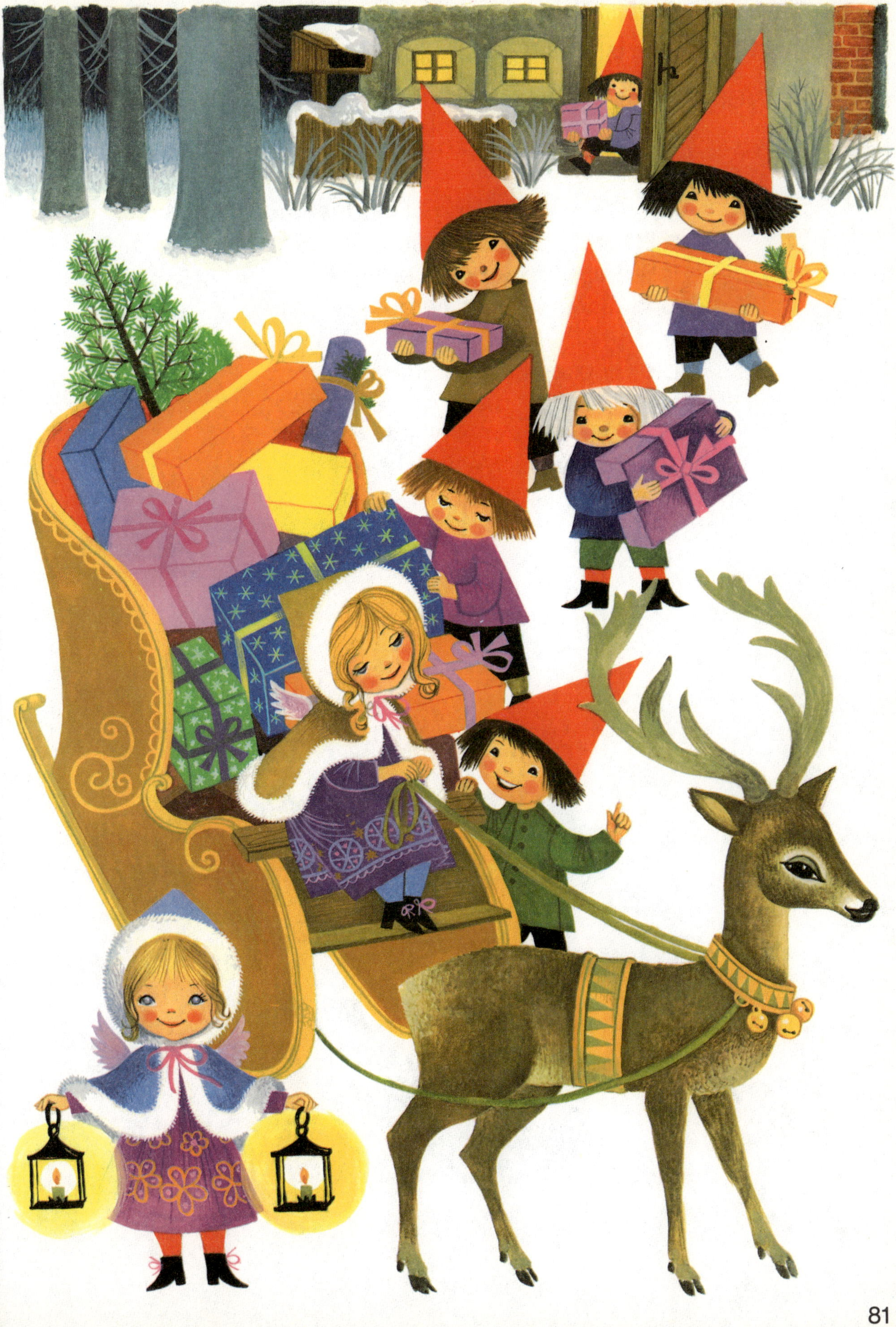

Nun ist sie da, die Heil'ge Nacht!
Zur Erde schweben sie ganz sacht –
vom Himmel hoch im hellen Schein –
das Christkind und die Engelein.

Das Christkind kommt in jedes Haus,
teilt alle seine Gaben aus.
In jede Stube kehrt es ein,
kein Kind soll heut' vergessen sein.

Die Glocken klingen übers Feld –
voll Freude ist die ganze Welt.
Ein Sternenhimmel wölbt sich weit –
o gnadenvolle Weihnachtszeit!

83

Wer kommt da noch zu später Stund'
zum Zwergenhaus im Waldesgrund?
Mit Christbaum und mit Päckchen fein –
für wen mag dies denn alles sein?

Weißt du, was das bedeuten soll?
Zwei Englein sind's, du kennst sie wohl.
Sie kommen durch den Wald zu Fuß:
„Vom Christkind einen schönen Gruß."

Das Christkind hat zur Heil'gen Nacht
auch an die Zwerglein hier gedacht,
drum schickt es diese Gaben her.
Da freuen sich die Zwerglein sehr!

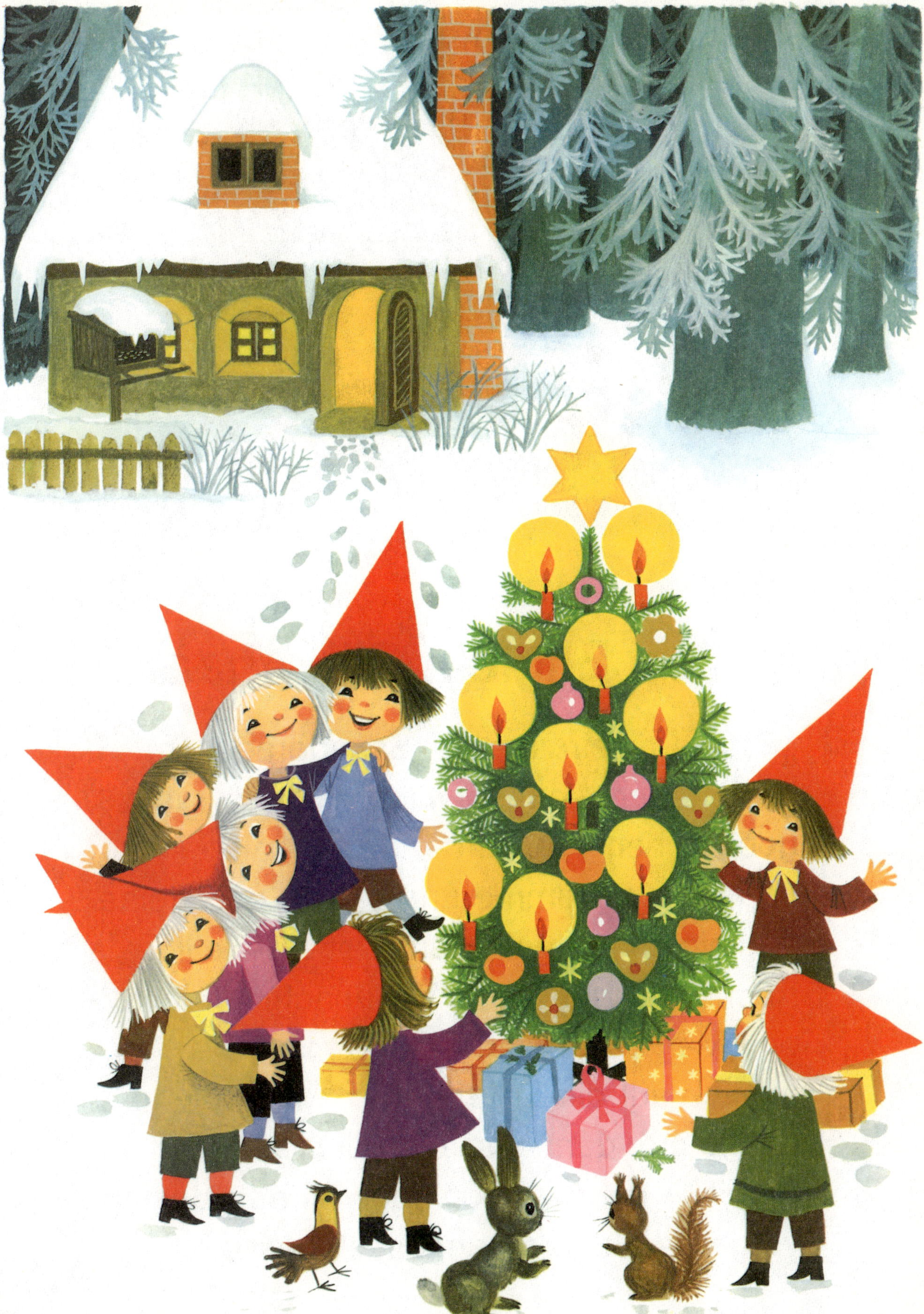

Das Englein Silberhaar

„Faule Englein, die nur Schabernack im Kopf haben, können wir im Himmel nicht gebrauchen", sagte der Petrus mit donnernder Stimme und blickte das kleine Englein streng an. „Heute ist der Heilige Abend, da muß jedes Weihnachtsenglein den Menschen eine Freude machen. Also, marsch auf die Erde mir dir! Mach deine Sache gut, dann lasse ich dich wieder herein – dann will ich auch all den Unsinn vergessen, den du angestellt hast!"

87

Rums! schlug dem Englein die Tür vor der Nase zu, und es stand draußen. Das Englein klimperte erschrocken mit den Flügeln und flog zur Erde hinunter. Da war alles tief verschneit, und wenn es kein Englein gewesen wäre, hätte es in dem dünnen Kleid sicher furchtbar gefroren. Da klang durch die klare Winterluft ein helles Läuten an sein Ohr. „Das ist gewiß der Weihnachtsmann", dachte das Englein. Schon kam der Schlitten angesaust.

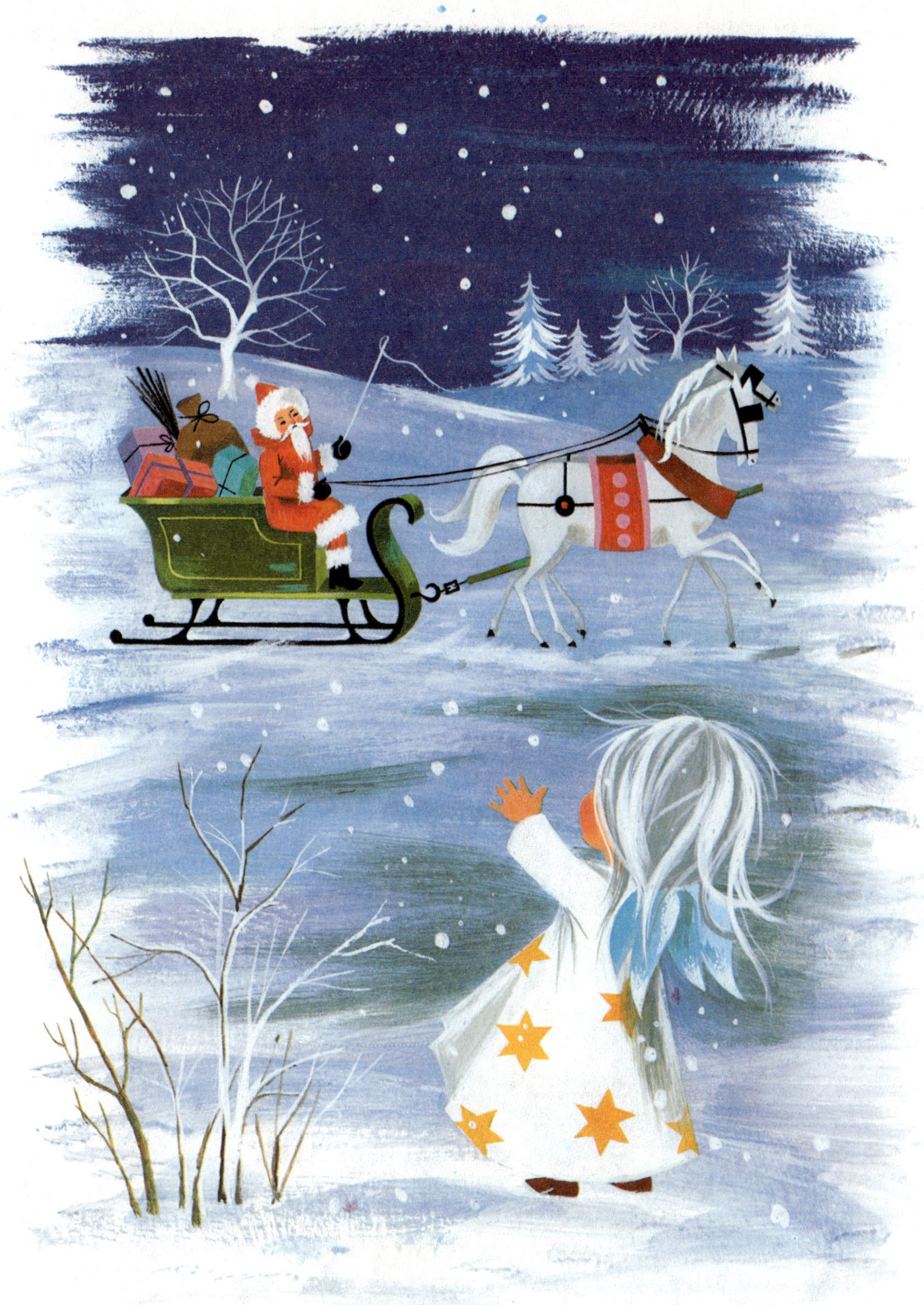

Zwei weiße Pferde zogen ihn, und darin saß tatsächlich der Weihnachtsmann. „Du hast dich wohl verlaufen?" fragte er, als er das Englein erblickte. Das Englein schämte sich sehr, dennoch sagte es die Wahrheit: „Petrus hat mich aus dem Himmel ausgesperrt. Nur, wenn ich einem Menschen eine Weihnachtsfreude mache, darf ich wieder hinein." Der Weihnachtsmann kniff ein Auge zu und schmunzelte. „Frech gewesen, hm?" fragte er. „Na, steig auf!"

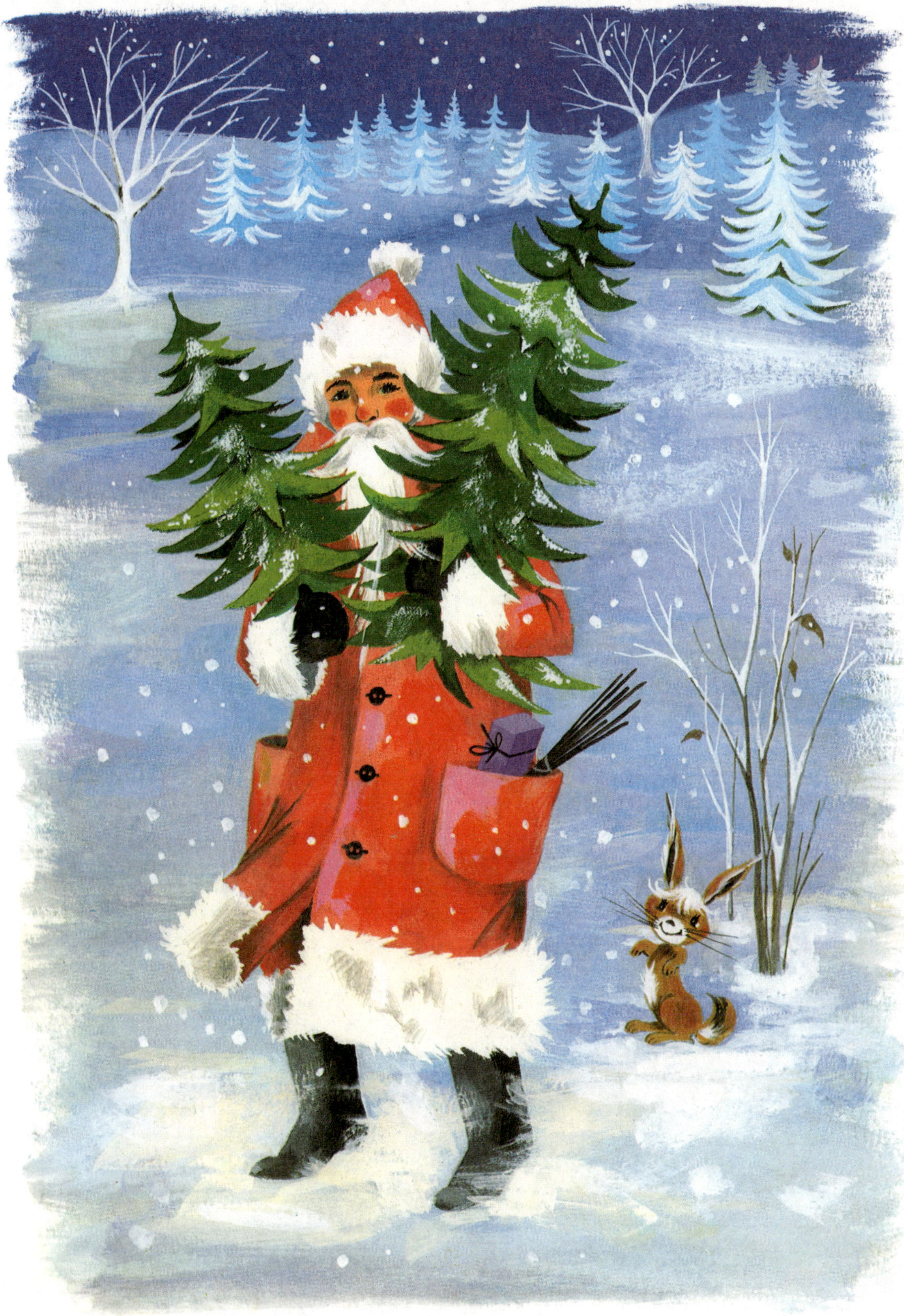

Das Englein war sehr froh, daß es den Weihnachtsmann getroffen hatte. Schnell setzte es sich auf den Schlitten. Dann fuhren die beiden in den nächsten Tannenwald und suchten die schönsten Bäumchen aus, um sie zu schmücken und den Menschen zu bringen. Der Weihnachtsmann holte einen großen Sack von seinem Schlitten und schüttete allerlei bunten Weihnachtsschmuck in den Schnee. Den hängten das Weihnachtsenglein und er dann zwischen die grünen Zweige.

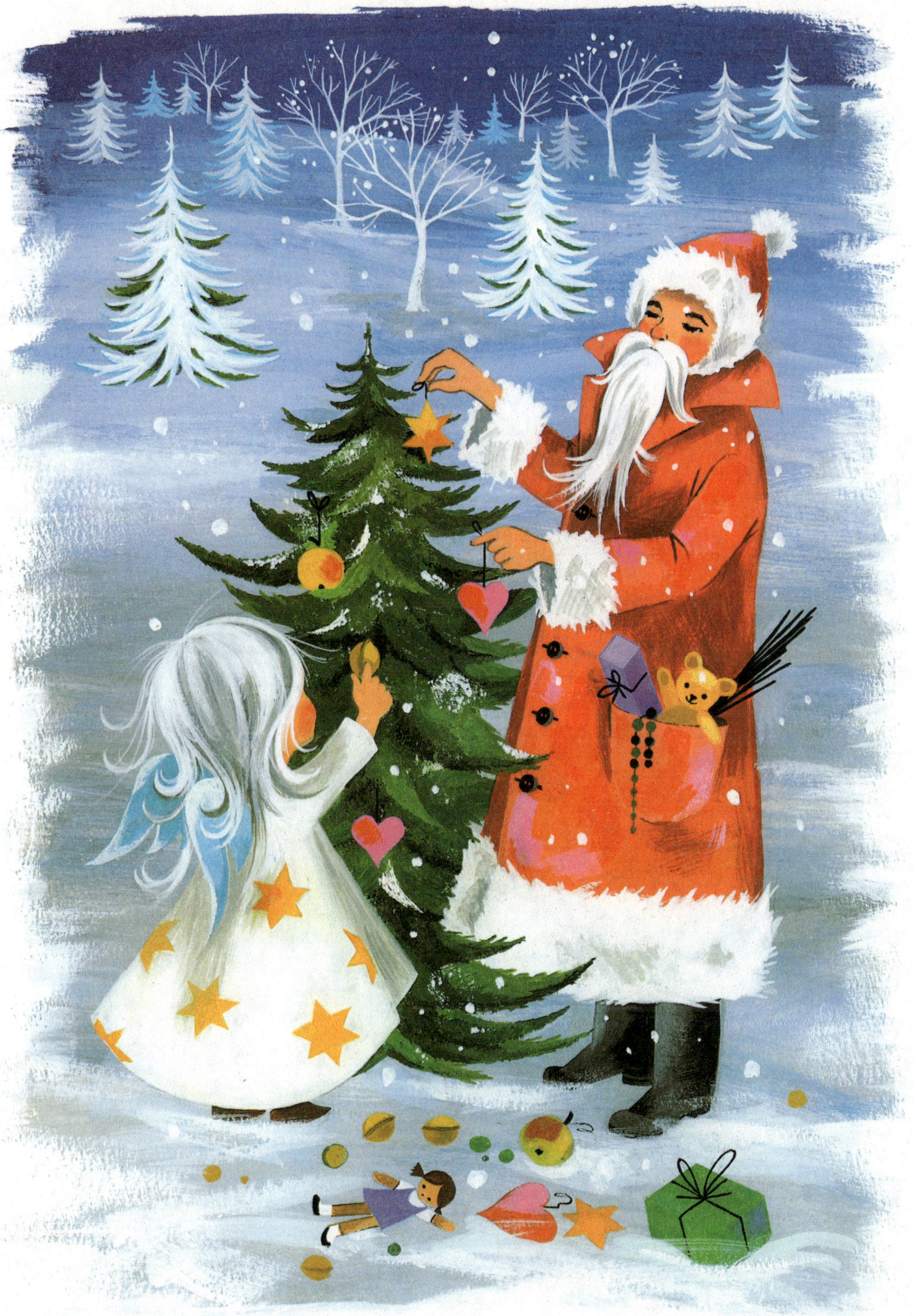

Aber als aller Weihnachtsschmuck verbraucht war, stand noch ein Bäumchen mit leeren Zweigen da. Ratlos kraulte der Weihnachtsmann seinen Bart, und das Englein machte ein bestürztes Gesicht. Dann hatte es eine Idee. Es steckte die goldenen Sterne von seinem Kleidchen zwischen die Zweige und hängte sein silbernes Engelshaar darüber. Das sah schon recht schön aus, aber das Englein war noch nicht zufrieden. Es nahm den

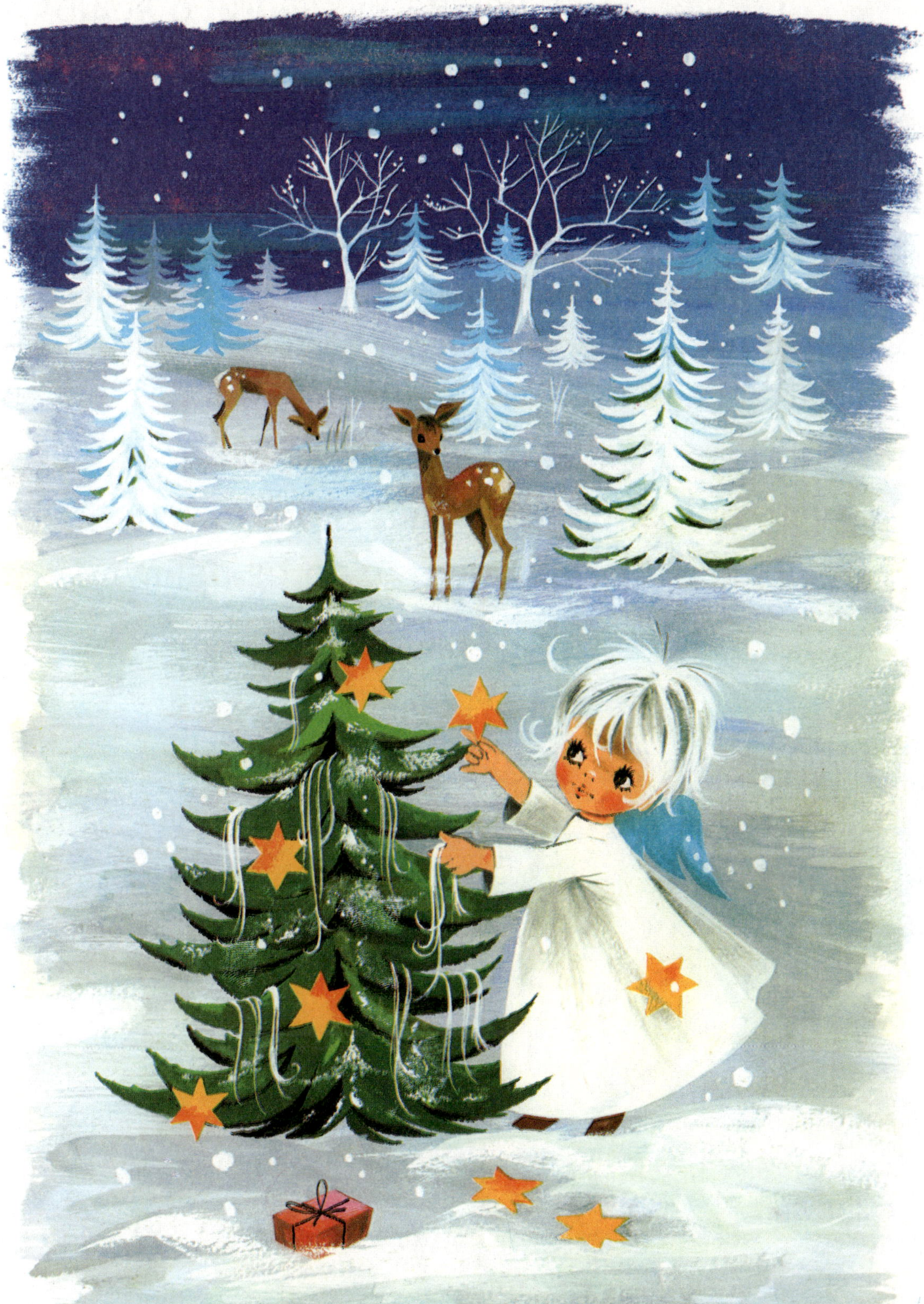

Silberstaub von seinen Flügeln und stäubte ihn über die Zweige. „Das ist das schönste Weihnachtsbäumchen, das ich in meinem langen Leben gesehen habe", sagte der Weihnachtsmann und streichelte dem Englein über sein zerrupftes Köpfchen. „Jetzt hilf mir, den Schlitten zu beladen, damit wir die Gaben zu den Menschen bringen können." Bald war alles im Schlitten verstaut, und die weißen Pferde trabten an. Mit Schellengeläute ging es dahin.

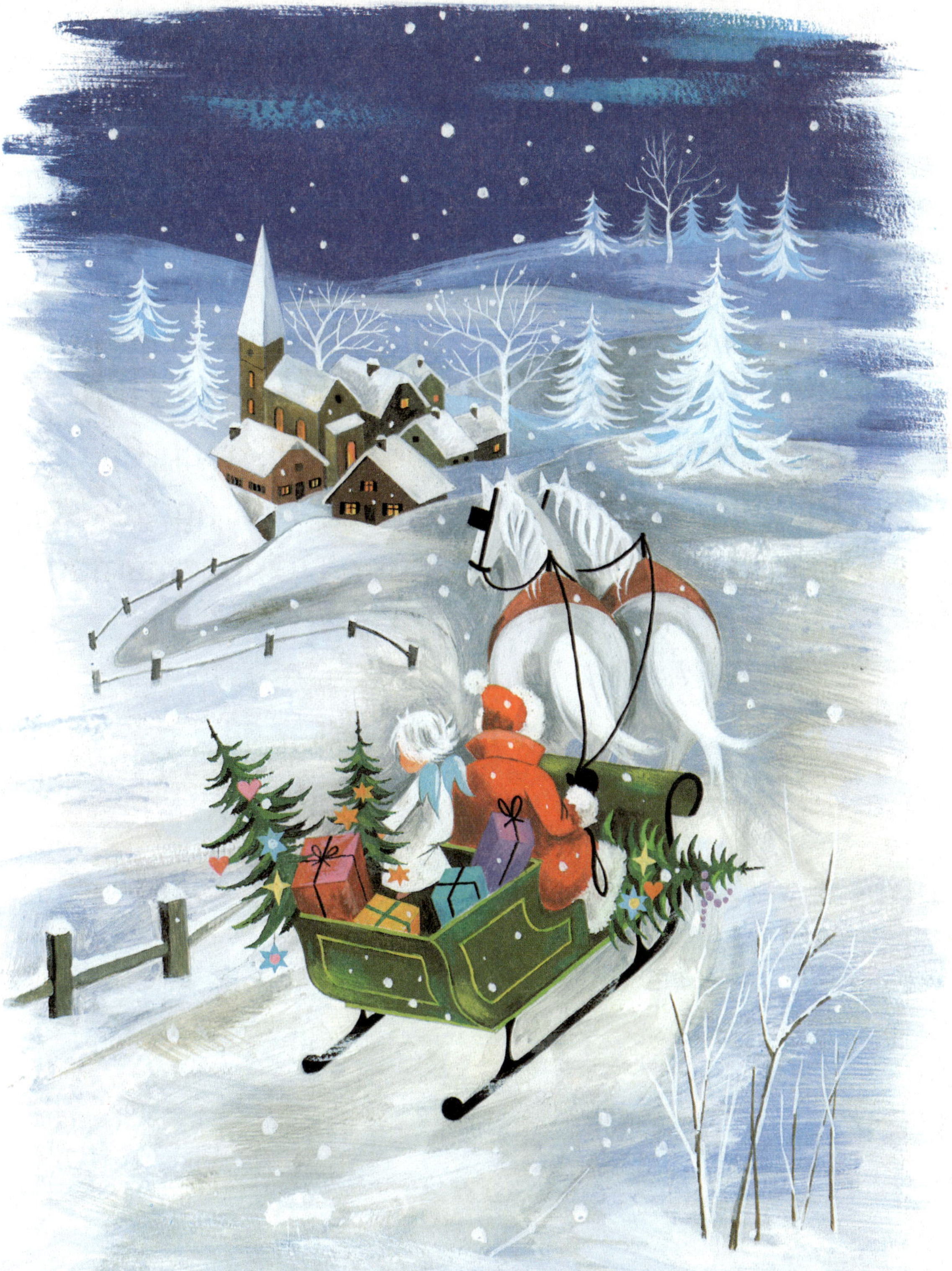

Bald sah das Englein die ersten erleuchteten Fenster durch die Nacht blinken, und — huii — kam der Schlitten mitten im Dorf zum Stehen. Aus vielen Fenstern fiel schon der goldene Weihnachtsschimmer, doch es gab auch ein paar Fenster, da merkte man gleich, daß der Schimmer fehlte. Dorthin brachte der Weihnachtsmann die geschmückten Bäumchen. Zum Schluß war nur noch das Bäumchen mit dem Engelshaar übrig. „Das ist dein Bäumchen", sagte der Weihnachtsmann.

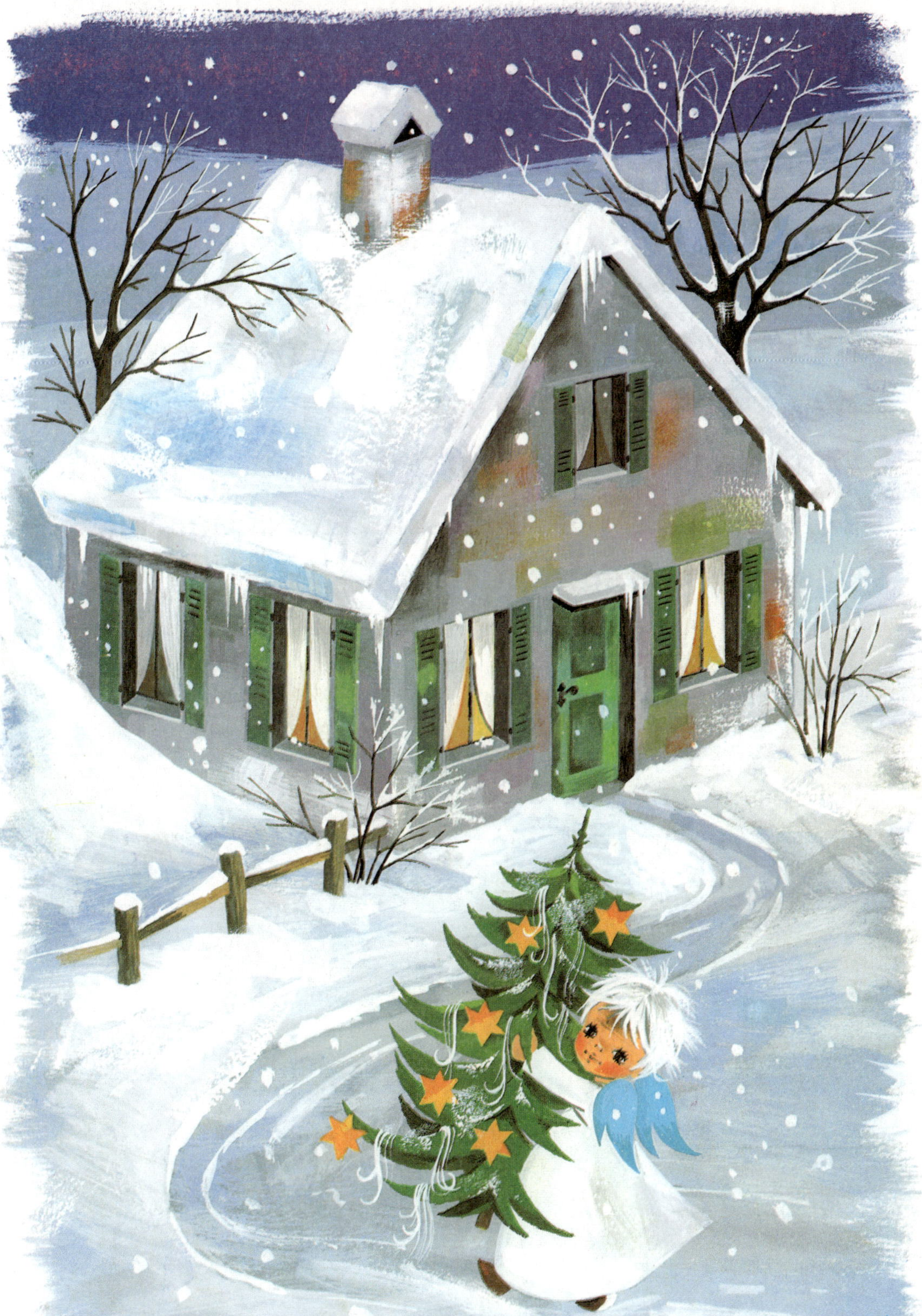

„Du darfst es selbst zu den Menschen bringen." Zuerst sah das Englein etwas ratlos aus, doch dann entdeckte es am Ende des Ortes ein Häuschen, wo überhaupt nichts von einem Weihnachtsschimmer zu bemerken war. Dorthin ging es mit seinem Bäumchen. Unbemerkt stellte es dieses ins Zimmer, dann ging es geschwind vors Haus zurück und stellte sich ans Fenster. Wie freuten sich die Kinder, als sie das Bäumchen entdeckten! Das Englein freute sich auch.

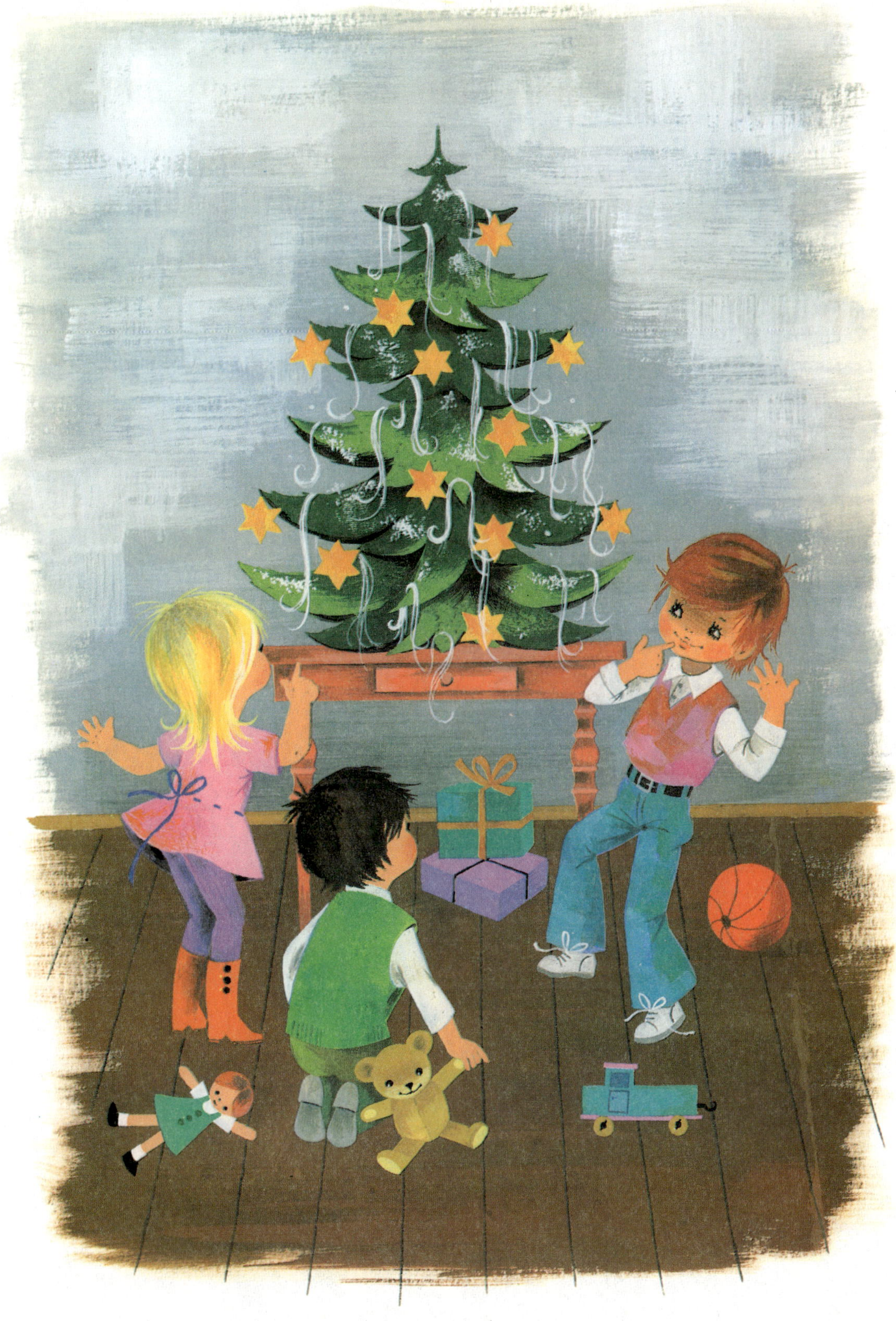

„Das hast du gut gemacht!" lobte der Weihnachtsmann. „Ich glaube, daß der Petrus mit dir zufrieden ist und dich wieder in den Himmel läßt. Viel Glück, kleines Englein! Bestimmt sehen wir uns im Himmel wieder!" Und während der Weihnachtsmann mit seinem leeren Schlitten dahinfuhr, schwebte das Englein mit glücklichem Herzen zurück in den Himmel. Dort klopfte es an das große Himmelstor. Der Petrus war recht erstaunt, als er das zerrupfte Englein sah.

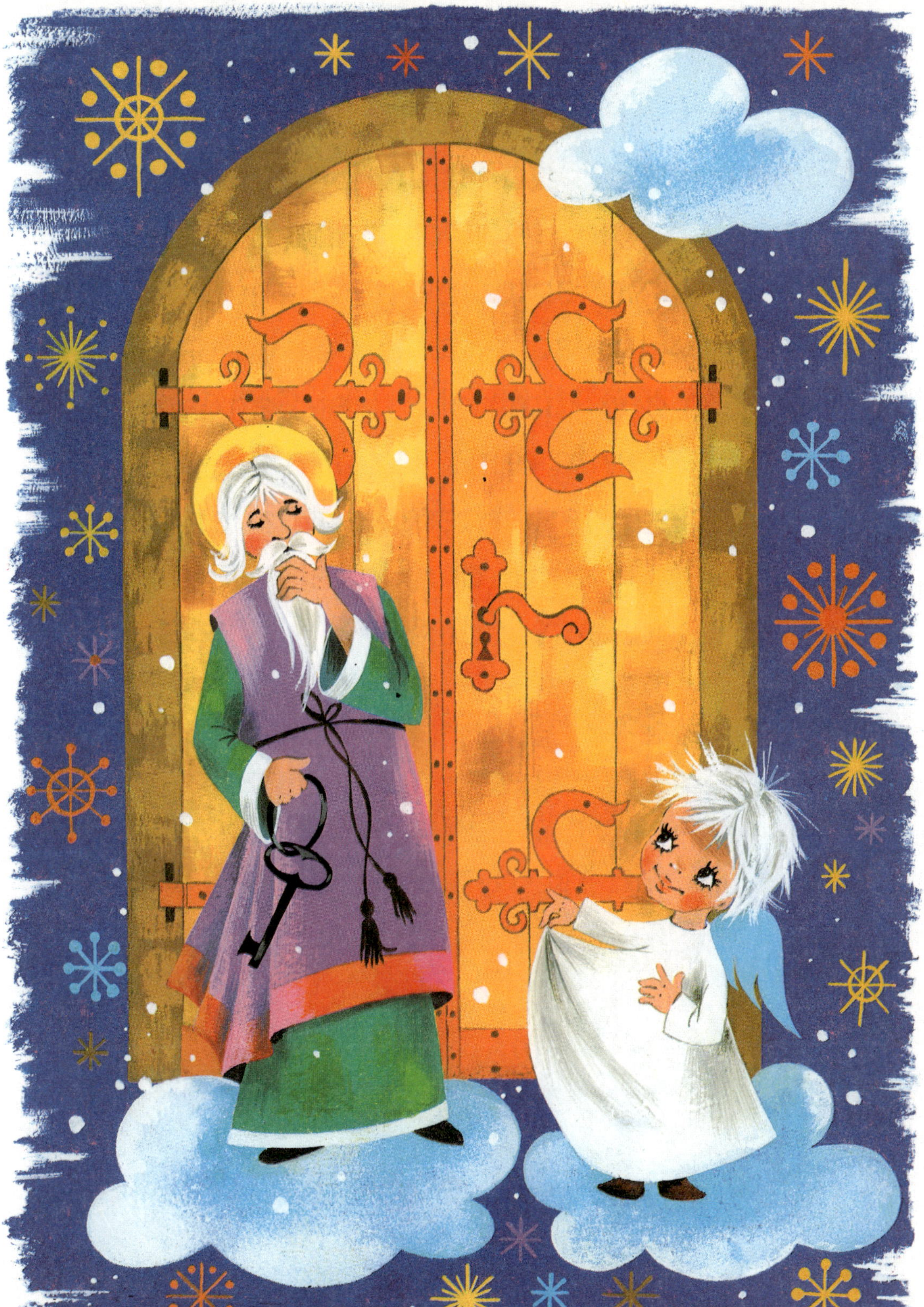

„Schon wieder Dummheiten gemacht?" knurrte er. „Wie siehst du denn aus? Wo sind deine Haare und die Sternchen von deinem Kleid? Wo ist der Silberstaub von deinen Flügeln?" — „Ich habe ein Weihnachtsbäumchen damit geschmückt", sagte das Englein bescheiden. „Darf ich nun wieder in den Himmel?" Der Petrus war gerührt. „Komm rein!" brummte er. Er ließ dem Englein neue Sterne aufnähen und gab ihm Silberstaub für die Flügel — und die Haare wuchsen wieder!

GESCHENKE, DIE NICHT VIEL ZEIT KOSTEN!

KERZENMANSCHETTE

Holzperlen und 2 cm große Filzscheiben werden abwechselnd auf einen Faden gezogen und zu einem Ring geschlossen. Als Manschette über eine Kerze gestreift, sieht das sehr hübsch aus.

DER SCHNEEMANN

eignet sich besonders gut als Verpackung für Kleingebäck.

Aus weißem Karton klebst du eine Rolle. An einem Ende schneidest du Zacken ein und biegst sie nach innen (Zeichnung 1). Du klebst eine passende, runde Pappschachtel darüber – das ist der Boden. An das andere Ende der Pappscheibe klebst du mit durchsichtiger Klebefolie auch einen Deckel in der gleichen Größe wie die Pappscheibe für den Boden. Der Deckel und der obere Rand der Rolle werden schwarz überzogen – ebenso der Hutrand (Zeichnung 2). Aus Buntpapier schneidest du die schwarzen Augen und Knöpfe und die rote Nase. Ein Streifen rotes Seidenpapier dient als Schal.

EIN NADELKISSEN

Zeichne das Stickmuster auf der nächsten Seite auf ein Stück Transparentpapier und pause es dann auf ein Stück Filz. Dann drehst du das Muster herum und zeichnest es seitenverkehrt auf ein zweites Stück Filz. Nun kommt die Stickarbeit: Alle Muster, die gestickt werden sollen, sind vorgezeichnet. Wenn du die beiden fertigen Teile aneinandernähst, dann achte darauf, daß der Rücken offen bleibt. Das Nadelkissen wird mit gezupfter Wolle flach gefüllt. Zum Schluß schließt du die Rückennaht und nähst ein Aufhängeband dazwischen.

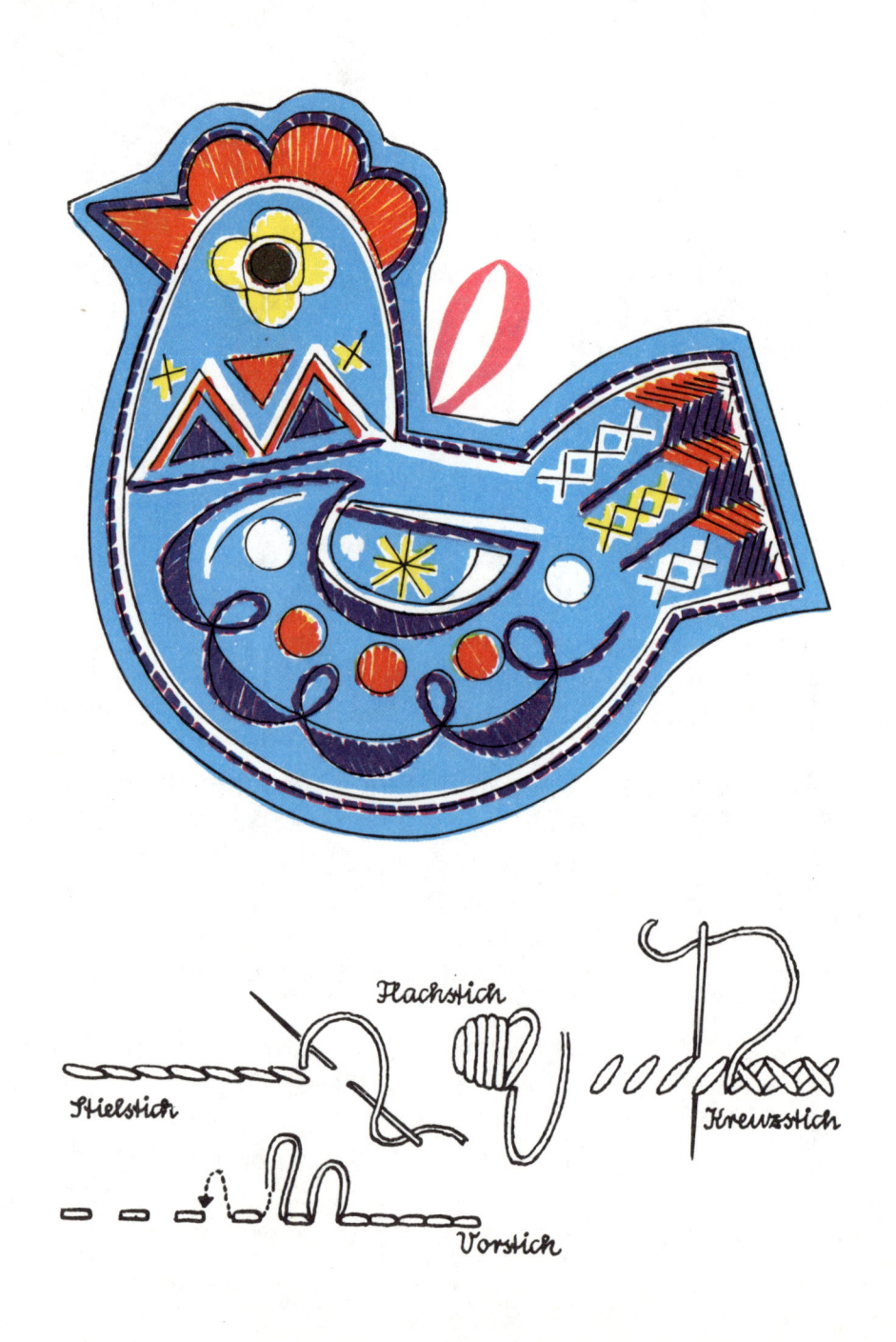

Stielstich — *Flachstich* — *Kreuzstich* — *Vorstich*

DUFTKISSEN FÜR DEN WÄSCHESCHRANK

Einen Batist-Streifen (13 × 7 cm) nähst du zu einem Säckchen, wendest dieses und steppst den Rand mit Stickgarn ab. Dann füllst du das Säckchen mit Lavendelblüten (aus der Drogerie) und schließt den oberen Rand. Vergiß nicht, ein Aufhängeband mit einzunähen. Zum Schluß nähst du eine feine Spitze an den Rand des Kissens. Sieht das nicht hübsch aus?

So verpackt man Geschenke:

Wenn das Paket in Geschenkpapier eingeschlagen ist, wird es mit Bändern hübsch verschnürt. Bei Rollen schneidest du die Papierenden in Fransen und bindest sie mit einer hübschen Schleife ab. Du kannst auch die Enden nach innen falten und eine Papierscheibe daraufkleben.

So machst Du eine Prachtschleife:

Du wickelst ein Band mehrere Male um ein Brettchen, streifst es ab und bindest es in der Mitte mit einem Faden zusammen. Breites oder sprödes Band schneidest du etwas ein. Über den Faden knotest du ein Stück Band und ziehst die Schleife zu einer Rosette auseinander.

Geschenkanhänger

So ein Anhänger sieht auch am Weihnachtsbaum sehr hübsch aus. – Du brauchst dafür Springerle-Formen und weiße, brennbare Modelliermasse. Man bekommt sie in Papier- und Bastelläden. Du feuchtest die Springerle-Form innen an und drückst die Modelliermasse hinein. Durch das Anfeuchten läßt sich die Masse leicht wieder aus der Form lösen. Nun hat die Modelliermasse eine hübsche Form bekommen, zum Beispiel ein Herz wie auf unserer Abbildung. Dieses Herz legst du nun in den Backofen und läßt es härten. Wie das gemacht wird, steht auf der Gebrauchsanweisung, die der Masse beiliegt.

Wenn das Herz nach dem Härten wieder ausgekühlt ist, bemalst du es mit Temperafarben und überziehst es, wenn die Farben trocken sind, mit einem farblosen Lack.

WEIHNACHTSWUNDER

Vom Himmel in die tiefsten Klüfte
ein milder Stern herniederlacht.
Vom Tannenwalde steigen Düfte
und hauchen durch die Winterlüfte,
und kerzenhelle ist die Nacht.

Mir ist das Herz so froh erschrocken.
Das ist die liebe Weihnachtszeit!
Ich höre fernher Kirchenglocken
mich lieblich heimatlich verlocken
in märchenstille Herrlichkeit.

Ein frommer Zauber hält mich wieder.
Anbetend, staunend muß ich stehen.
Es sinkt auf meine Augenlider
ein goldener Kindertraum hernieder.
Ich fühl's: Ein Wunder ist geschehen.

Das Englein mit dem goldenen Näschen

Auf einer großen Wolke sind viele, viele Englein damit beschäftigt, sich auf das liebe Weihnachtsfest vorzubereiten. Überall werden Nüsse vergoldet, Äpfel blankgerieben und fertige Päckchen mit roten Bändern verschnürt. Wenn die Engel aus der Weihnachtsbäckerei frisches Gebäck bringen, werden sie jedesmal von den herrlichsten Düften begleitet. Allen läuft das Wasser im Munde zusammen! Aber naschen dürfen die Englein nichts, denn alles ist ja für die Kinder auf der Erde bestimmt.

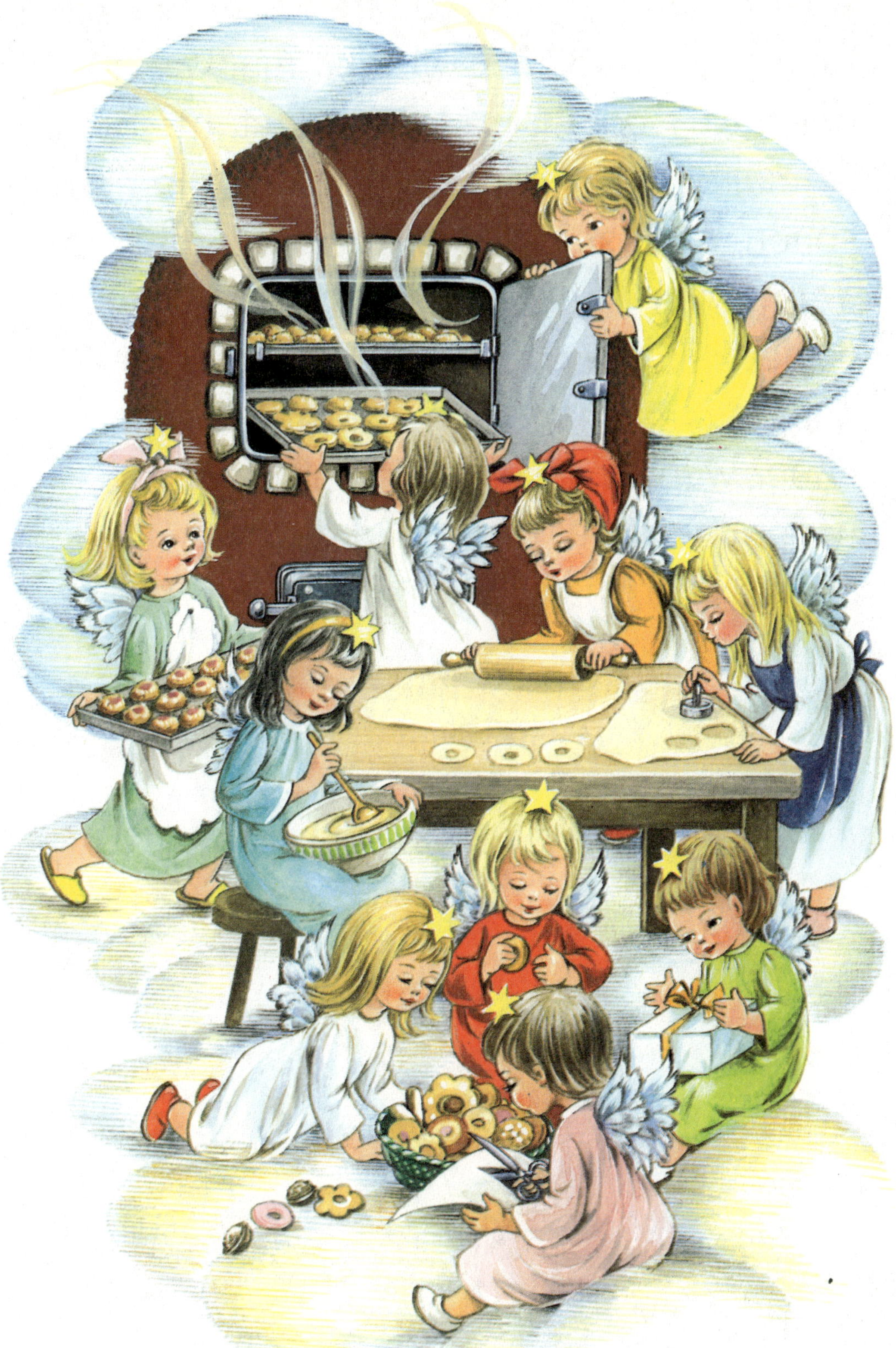

Aber die Arbeit wird voll freudiger Erwartung getan. Plötzlich wird es mucksmäuschenstill. Der Heilige Nikolaus steht auf einmal da, und niemand hat ihn kommen sehen. Aber sein gutes Gesicht strahlt vor Vergnügen, und wohlgefällig sieht er auf seine fleißigen Schützlinge hinab. „Das habt ihr wirklich nett gemacht", sagt er. „Aber wenn ihr hier fertig seid, müssen wir noch einmal unsere Lieder und Musikstücke proben. Ihr wißt ja, so recht hat es

115

gestern noch nicht geklappt." Gerade, als er wieder gehen will, fällt sein Blick auf das allerkleinste Englein. Es sitzt am Rand einer Wolke und ist ganz mit Gold beschmiert. Sogar auf dem winzigen Näschen sitzt ein goldener Fleck. Aber warum weint es denn so sehr?
Der Nikolaus kommt näher und sieht überall Kuchenkrümel und Nußschalen herumliegen. Der kleine Tunichtgut hat die Nüsse nicht vergoldet, sondern geknackt und aufgefuttert. Und nun hat er Bauchschmerzen bekommen. Der gute Nikolaus nimmt den kleinen Sünder bei der Hand und führt ihn zur Hausapotheke,

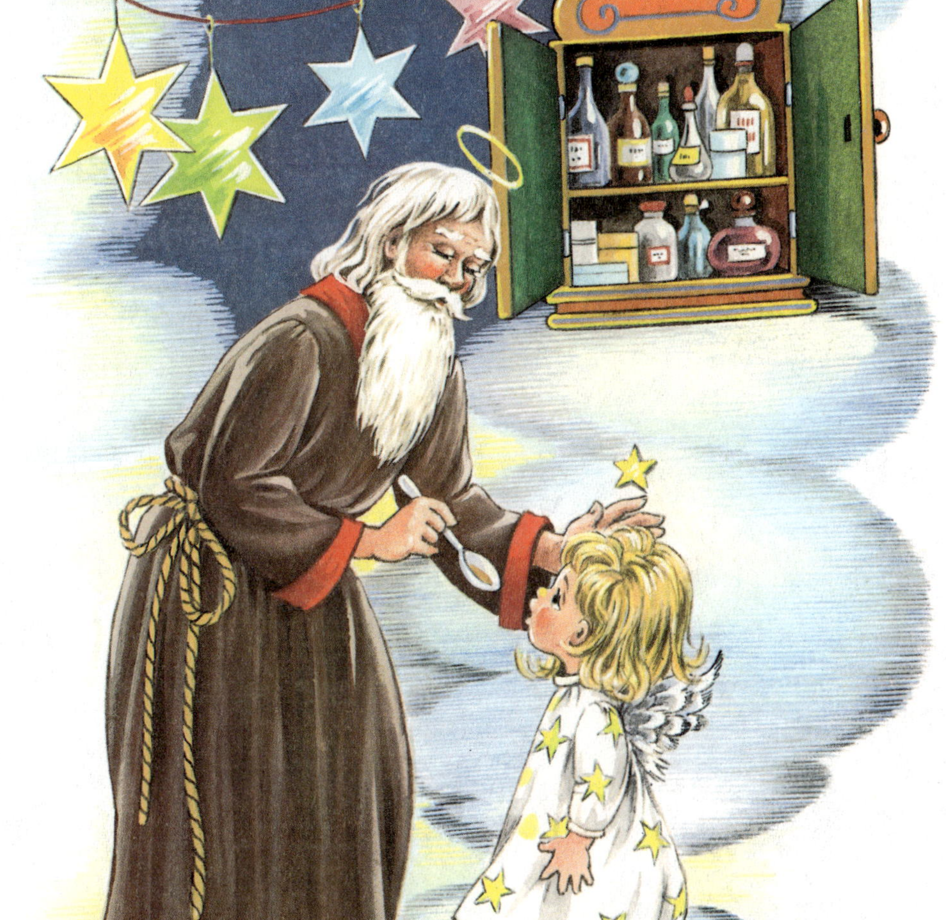

aus welcher das Englein ein paar Magentropfen bekommt. Einige Zeit später findet die Generalprobe für die kleinen Sänger und Musikanten statt. Der Nikolaus ist schon recht zufrieden. Doch bei der letzten Melodie legt er seine Hand hinter das rechte Ohr, um genauer hören zu können. So gut auch sonst gespielt wird, irgendeine Flöte quietscht immer gräßlich daneben. „Ich möchte bloß wissen, wo dieser unmusikalische Störenfried steckt",

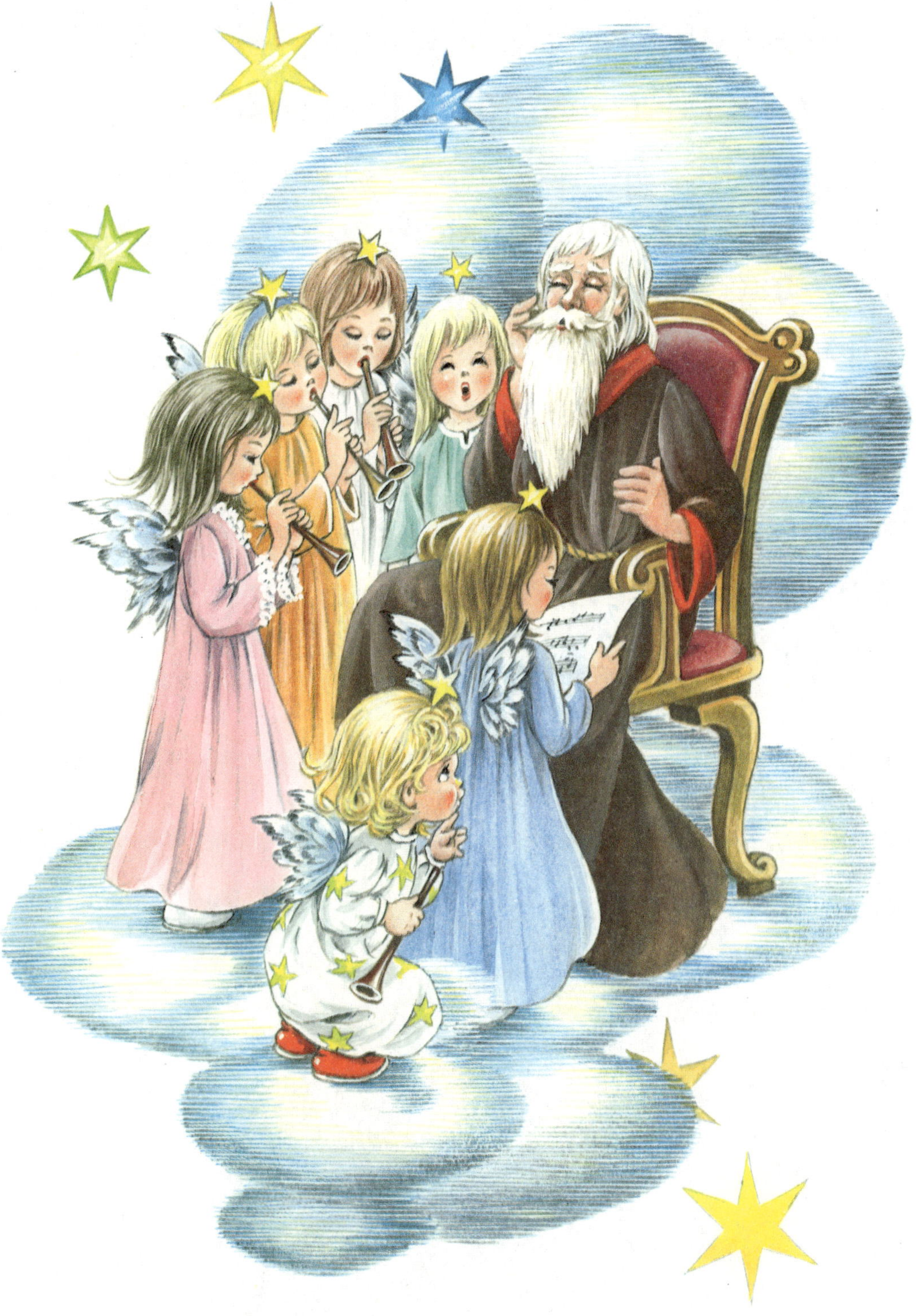

murmelt er vor sich hin. Natürlich ist es das naschhafte Engelchen von heute morgen. Obwohl es sich hinter dem Rücken eines anderen Engleins versteckt, entdeckt es der Nikolaus. „Du bist wohl doch noch etwas zu klein zum Mitspielen", sagt er und läßt sich die Flöte geben. Der verhinderte Musikant setzt sich schmollend auf den Wolkenrand und läßt seine Beinchen hinabbaumeln. Interessiert schaut er den Schneeflocken zu, die der Wind manchmal zu einem lustigen Tanz antreibt.

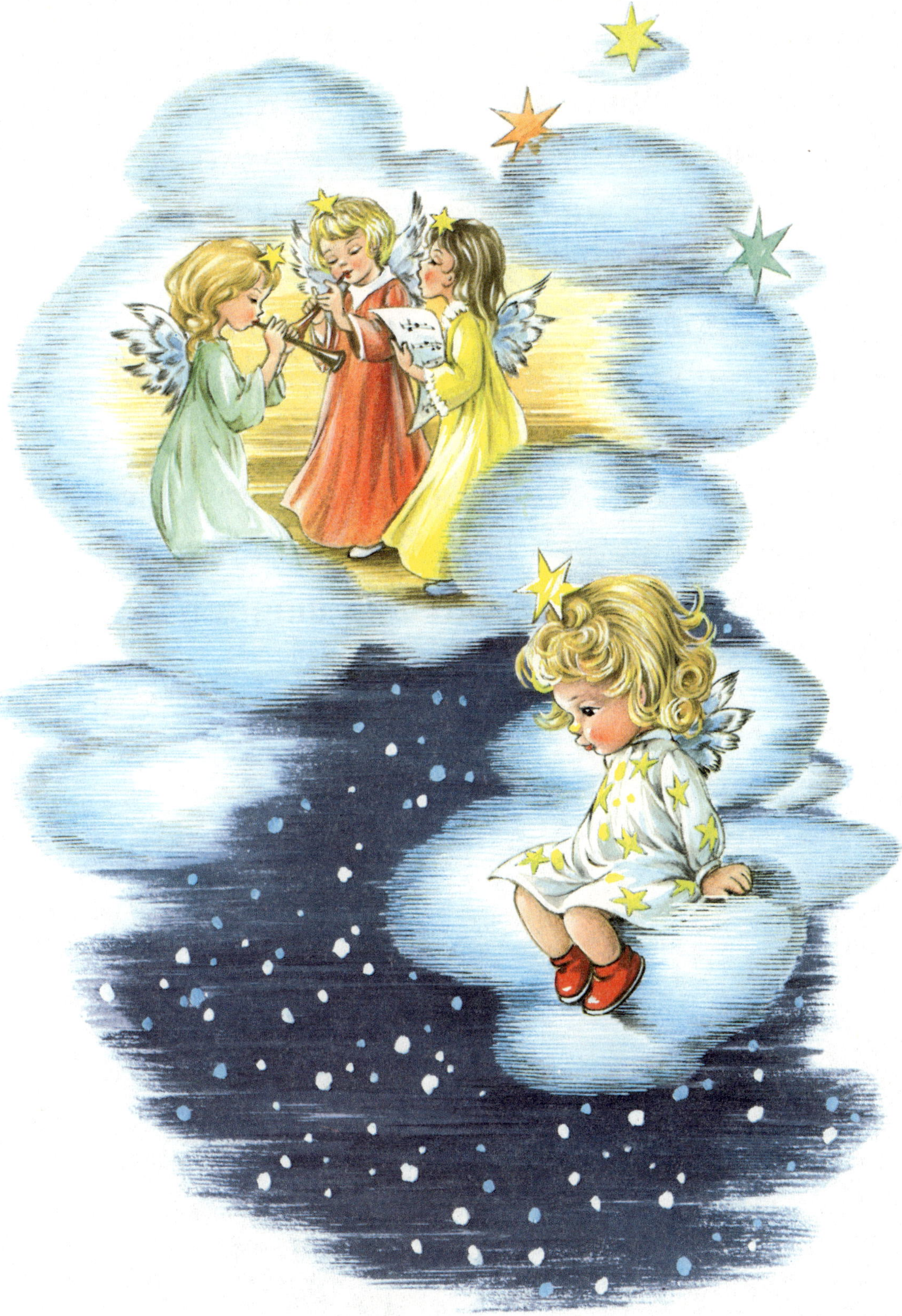

Dann wieder schweben sie langsam und gemessen immer tiefer und tiefer. Als unser Englein sich einmal vornüberbeugt, um einer besonders dicken Flocke nachzuschauen, purzelt es kopfüber hinterher. Ist das ein Schreck! Ein Glück, daß es sich noch zur rechten Zeit an seine Flügelchen erinnert! So landet es doch noch wohlbehalten auf der Erde — in der Nähe eines kleinen Dorfes, das ganz verschneit zwischen spitzen Hügeln und dunklen Tannen daliegt. Geschwind fliegt das

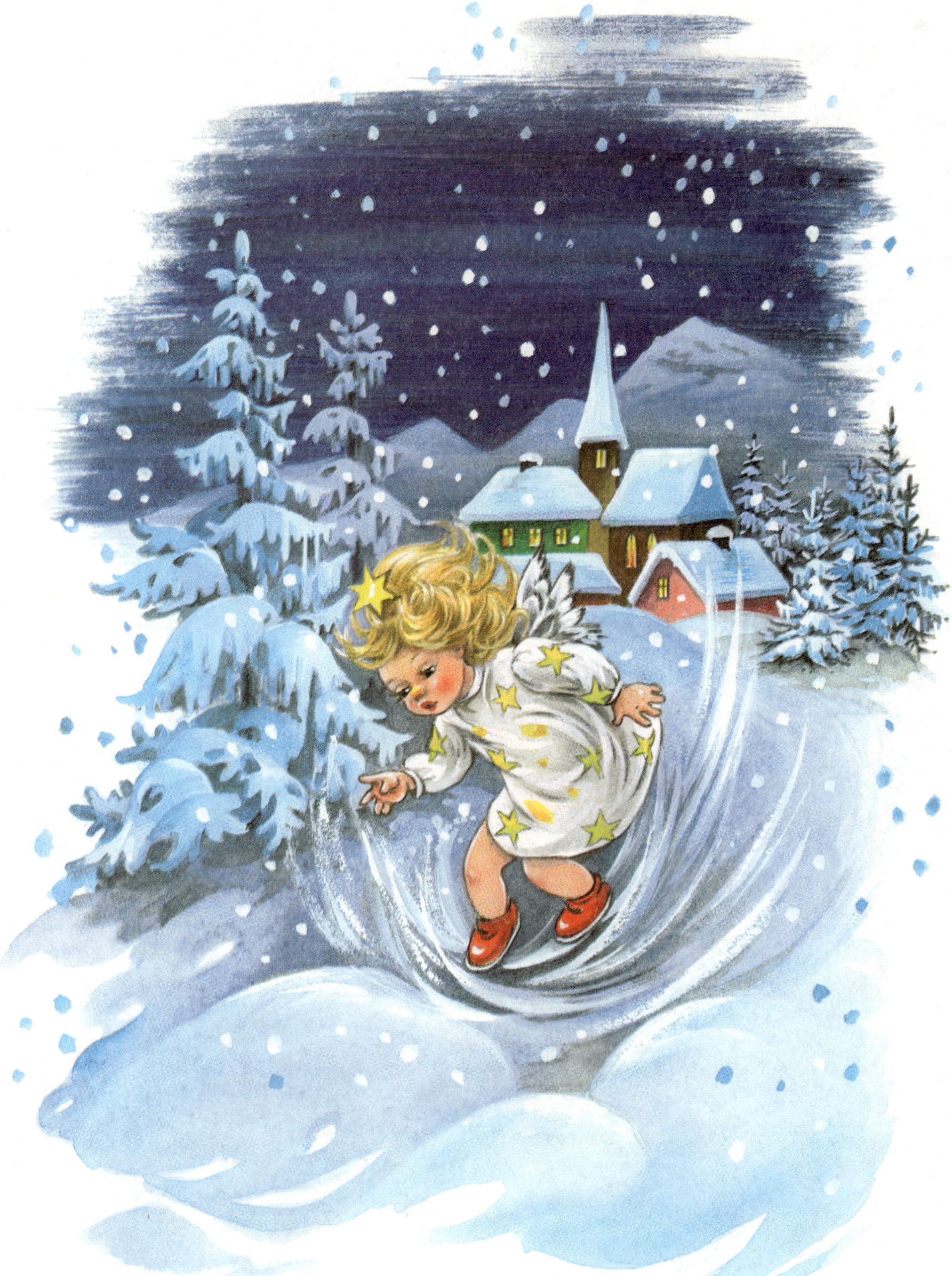

Engelchen auf die hell erleuchteten Fenster zu. Als es an das erste Haus kommt, schaut es neugierig zu einem Fenster hinein und preßt dabei sein vergoldetes Näschen an die Scheibe. In der Stube hat gerade ein kleiner Junge seine Geschenke bekommen. Plötzlich hebt er den Kopf und entdeckt das Englein. Als er mit großen, erstaunten Augen auf das Fenster zugeht, fliegt das Englein schnell weiter. Auf der Fensterscheibe aber ist ein goldener Fleck zurückgeblieben.

„Mutti!", ruft der kleine Junge, „gerade

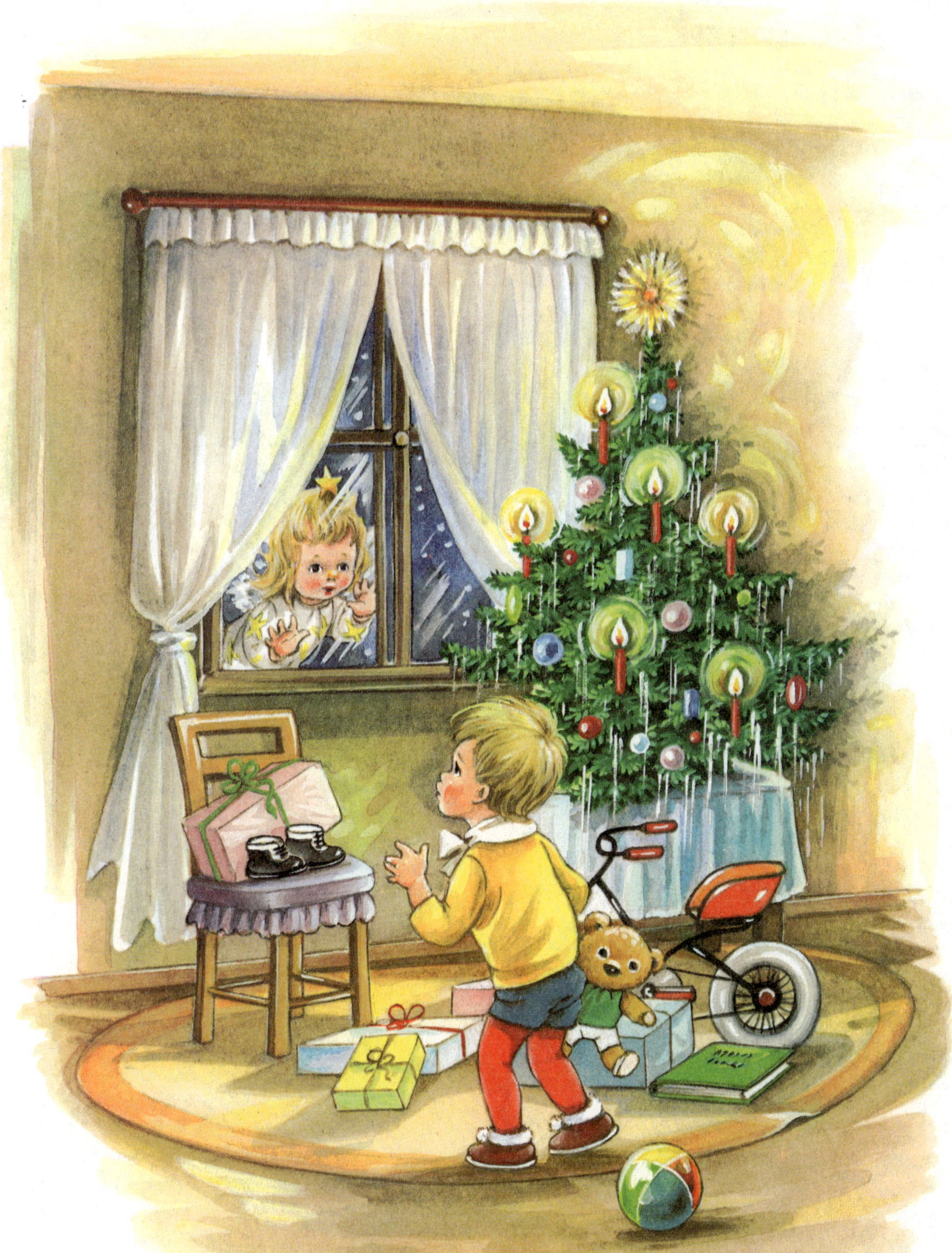

war ein Englein am Fenster. Sieh nur den goldenen Fleck!"

Die Christnacht ist herangekommen. Unter dem dunklen Himmelszelt mit seinen flimmernden Sternen streben die Menschen ihrem Kirchlein zu. Auch der kleine Junge muß seine neuen Spielsachen für kurze Zeit verlassen. Nun stapft er zwischen seinen Eltern durch den tiefen Schnee. Plötzlich bleibt er stehen und zeigt auf einige Stellen, an denen das reinste Gold schimmert — hier ein Tupfen am Zaun, dort ein Fleck am Strauch. Die Spur führt den ganzen Weg entlang bis hinauf zur kleinen Dorfkirche.

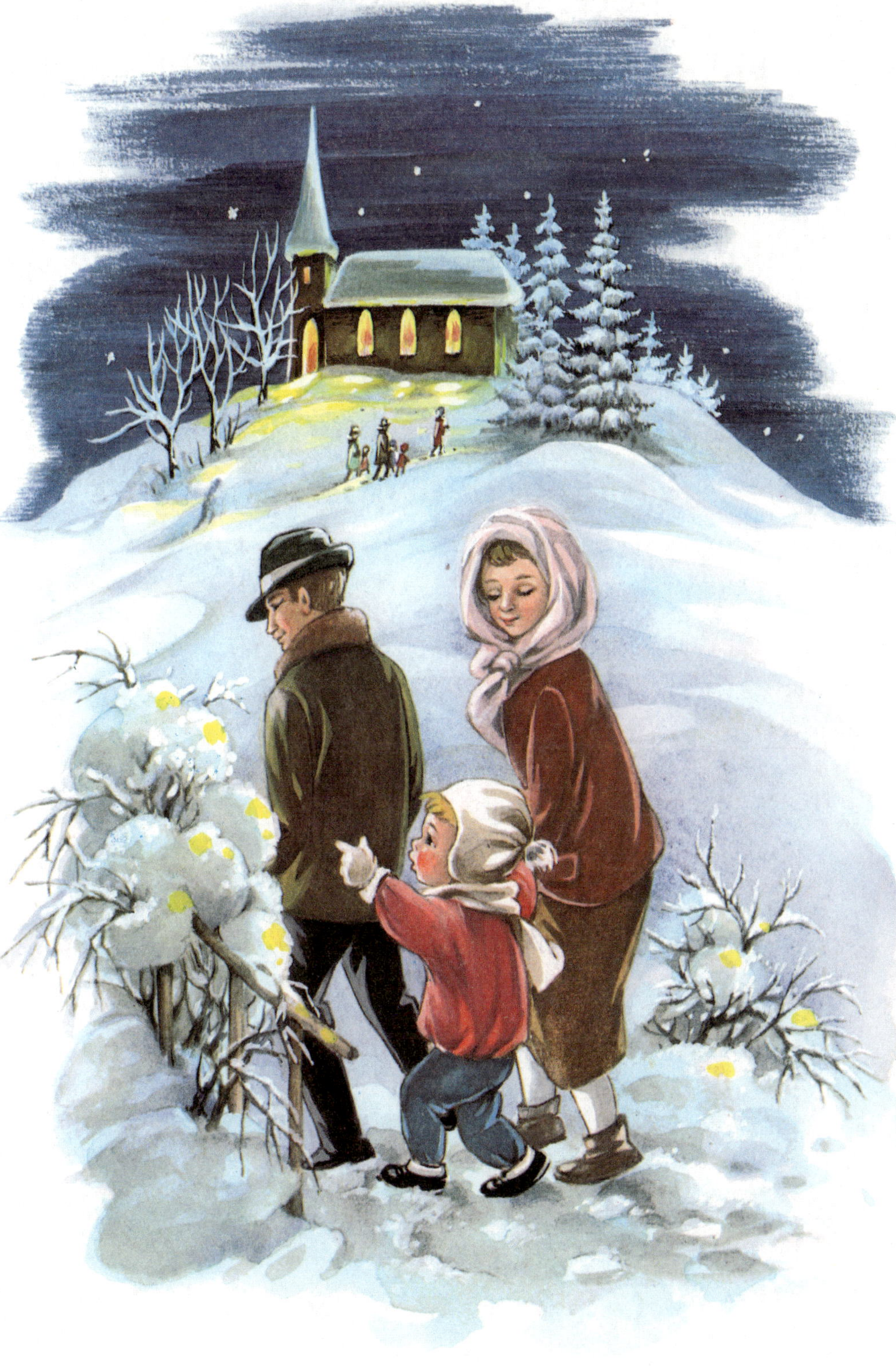

„Hier ist das Engelchen vorbeigekommen, das vorhin durch unser Fenster geschaut hat", sagt der kleine Junge aufgeregt. „Ganz bestimmt!" Die Mutter lächelt fein und zieht ihn weiter. Als die Gemeinde in der Kirche ein Weihnachtslied singt, blickt der kleine Junge mit glänzenden Augen zur Decke. Dort sind prächtige Gemälde zu sehen. Und all diese Bilder sind von vielen Englein umgeben. Aber eines von ihnen bewegt sich ja!

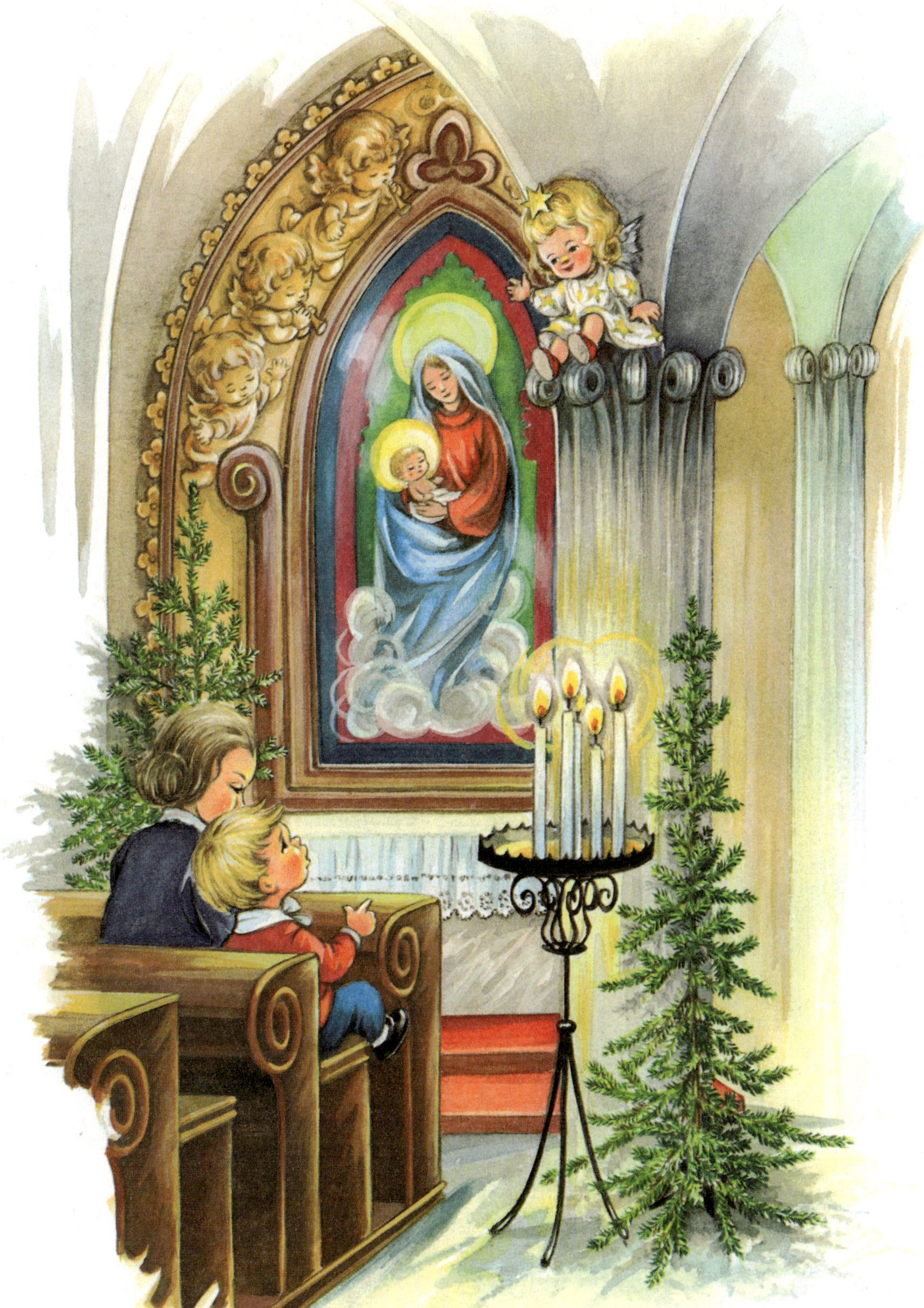

Der kleine Junge hält den Atem an. Sein Englein sitzt da oben und sieht mit einem schelmischen Lächeln auf ihn herab.
Dann fällt es mit seinem glockenhellen Stimmchen in den Gesang ein:
„Stille Nacht, Heilige Nacht ..."

Im Himmel wird das Englein schon vermißt. Als es nach dem Weihnachtsgottesdienst dorthin zurückkehrt, hat es wirklich viel zu erzählen.
Ja, da kommen all die anderen Englein aus dem Staunen nicht mehr heraus!

VOM HIMMEL HOCH....

Vom Himmel hoch, da komm' ich her,
ich bring' euch gute, neue Mär –
der guten Mär bring' ich so viel,
davon ich singen und sagen will!

Euch ist ein Kindlein heut gebor'n,
von einer Jungfrau auserkor'n –
ein Kindelein, so zart und fein,
das soll euer Freud und Wonne sein!

So merket nun das Zeichen recht:
Die Krippe, Windelein so schlecht;
da findet ihr das Kind gelegt,
das alle Welt erhält und trägt.

Die Heilige Nacht

Es war Winter und über die Fluren Judäas blies ein kalter Wind, über die Gipfel der Berge trieben Schneeschauer, da wanderte Joseph mit Maria gegen Betlehem. Sie saß, in einen weiten Mantel gehüllt, auf dem Rücken eines Esels und schwieg. Nur von Zeit zu Zeit flüsterte sie etwas, da hielt Joseph an und wartete ein Weilchen. Dann trieb er den Esel zu um so größerer Eile an, und er atmete auf, als er endlich Betlehem vor sich liegen sah, eine kleine, an eine Bergkuppe gebaute Stadt: Das war ihr Ziel, dort wollten sie in einer Herberge unterkommen.

Doch als sie die Stadt erreichten, sahen sie mit Schrecken, daß es heute gar nicht so leicht sein würde, eine Unterkunft zu finden. Die engen Gassen wimmelten von Menschen, von Karren und Reittieren, und es war ihnen anzumerken, daß auch sie erst vor kurzem hier angekommen waren. So war ganz Betlehem voll von Leuten, die Herberge suchten, und das war auch kein Wunder, denn ein Befehl war ergangen im ganzen Land und nicht nur im ganzen Land, sondern im ganzen großen Reich der Römer, Kaiser Augustus hatte diesen Befehl erlassen: Jedermann sollte sich aufschreiben lassen in seiner Heimatstadt. So sollte das Volk gezählt werden, nicht nur das Volk der Juden, sondern auch alle anderen Völker, die unter der Herrschaft der Römer lebten und Kaiser Augustus gehorchen mußten.

Nun aber lebten viele Menschen nicht mehr in ihren Heimatstädten, nicht mehr dort, wo ihre Eltern und Großeltern gelebt hatten. So mußten viele Leute zur Zählung auf Reisen gehen. Auch nach Betlehem kamen viele, weil Betlehem ihre Heimatstadt war.

Darum waren alle Herbergen voll und die Unterkünfte längst vergeben.

Wo Joseph anklopfte, erhielt er eine barsche Antwort, und wenn er sich aufs Bitten verlegte und darauf hinwies, daß seine junge Frau Maria ihre schwere Stunde erwartete, wurde ihm die Tür vor der Nase zugeschlagen.

Endlich fand sich ein barmherziger Mensch, der ihnen einen Stall als Unterkunft anbot.

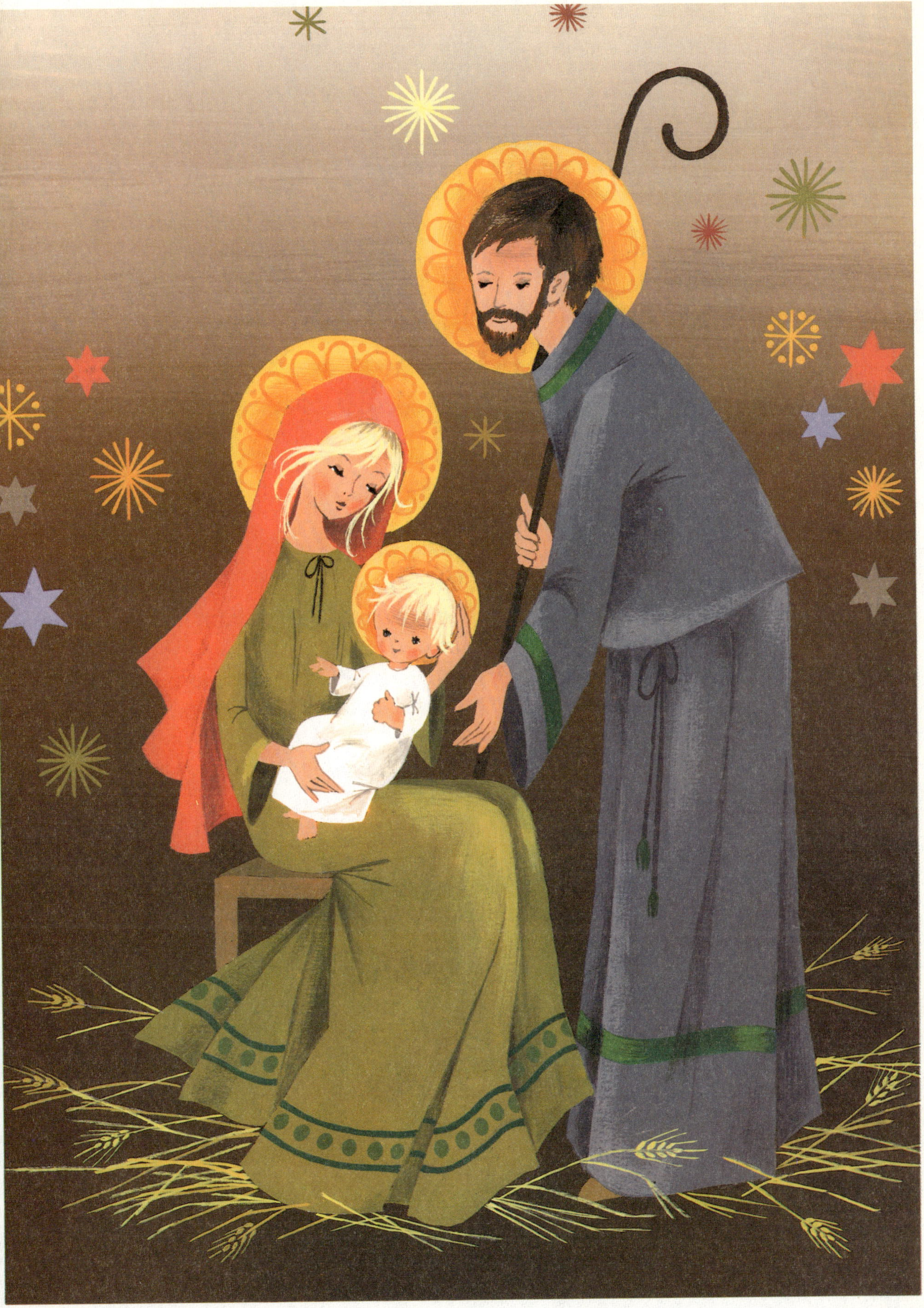

„Einen Stall?" murmelte Joseph verstört und warf Maria einen verzweifelten Blick zu. „Wirklich nur einen Stall?"
Aber Maria nickte.
So ließen sie sich hinführen. Unter der Stadtmauer von Betlehem war eine Höhle. Über dem Eingang hing ein strohgedecktes Dach, und drinnen stand eine Krippe, an die ein Ochse gebunden war.
„Hier ist der Stall!" sagte der Mann.
Joseph zögerte noch immer, doch Maria gab ihm ein Zeichen, daß sie von ihrem Reitesel absteigen wolle.
Der Besitzer des Stalles brachte ihnen noch einen Armvoll Stroh und einen Eimer voll Wasser. Dann wünschte er einen guten Abend und zog die Tür hinter sich zu.
Nun war es Nacht.
In den Häusern, Höfen und Gassen der Stadt erloschen die Lichter, aber draußen in den offenen Fluren rund um Betlehem wurden die Hirtenfeuer angezündet, denn die Hirten durften nicht schlafen, sie mußten bei ihren Herden wachen. Doch da die Nacht sehr kühl war, entfachten sie kleine Feuerchen, kauerten ringsum im Kreis und schwatzten ein wenig, um sich die Zeit zu vertreiben.
Worüber mochten sie sich wohl unterhalten, diese Hirten in den Fluren von Betlehem? Vermutlich hatten sie einander nicht viel Lustiges zu erzählen, denn die Zeiten waren hart: Die Römer bedrückten das Land und quälten es mit ihrer Willkür. Wohl hatten sie einen König eingesetzt, um den Schein zu wahren, als ob das Volk der Juden sich selbst regieren würde. Doch dieser König, Herodes, war ebenfalls ein Fremder, und er war tückisch und grausam, baute sich selbst prachtvolle Paläste und scherte sich nicht um die Not der Armen. Wie immer und überall auf der Welt lebten auch damals die Reichen und Mächtigen in Prunk und Übermut und die Armen und Schwachen in Not, Kummer und Furcht, mühselig und beladen.
Worauf sollten sie hoffen? – Das mochten sich die Hirten fragen in jener dunklen, kalten Nacht vor den Mauern Betlehems wie in vielen anderen Nächten zuvor, während das Feuer zwischen ihnen allmählich abbrannte und zu einem Häuflein Glut zusammensank. Nun ging es schon auf Mitternacht zu.
Einer verstummte und dann der andere, und mancher war schon eingenickt.
Da aber geschah etwas Seltsames: Es war zuerst wie das Wehen des Windes hoch droben in den Lüften, ein Sausen und Knistern unter den Sternen. Dann floß ein zarter Glanz über die Ränder der Hügel und zeichnete den Mauerkranz von Betlehem nach. Schließlich zog sich der Schimmer zusammen zu einer einzigen hochaufgerichteten, glänzenden Gestalt. Sie kam näher heran und hielt schließlich bei den Hirten inne, und eine Stimme sprach: „Fürchtet euch nicht, ihr Männer, denn ich habe euch eine große Freude zu verkündigen. Heute nacht ist in Betlehem, in der Stadt Davids, der Heiland dieser Welt geboren worden. Geht dorthin und sucht ihn. Ihr werdet ein Kind finden, in Windeln gewickelt und in einer Krippe liegend."

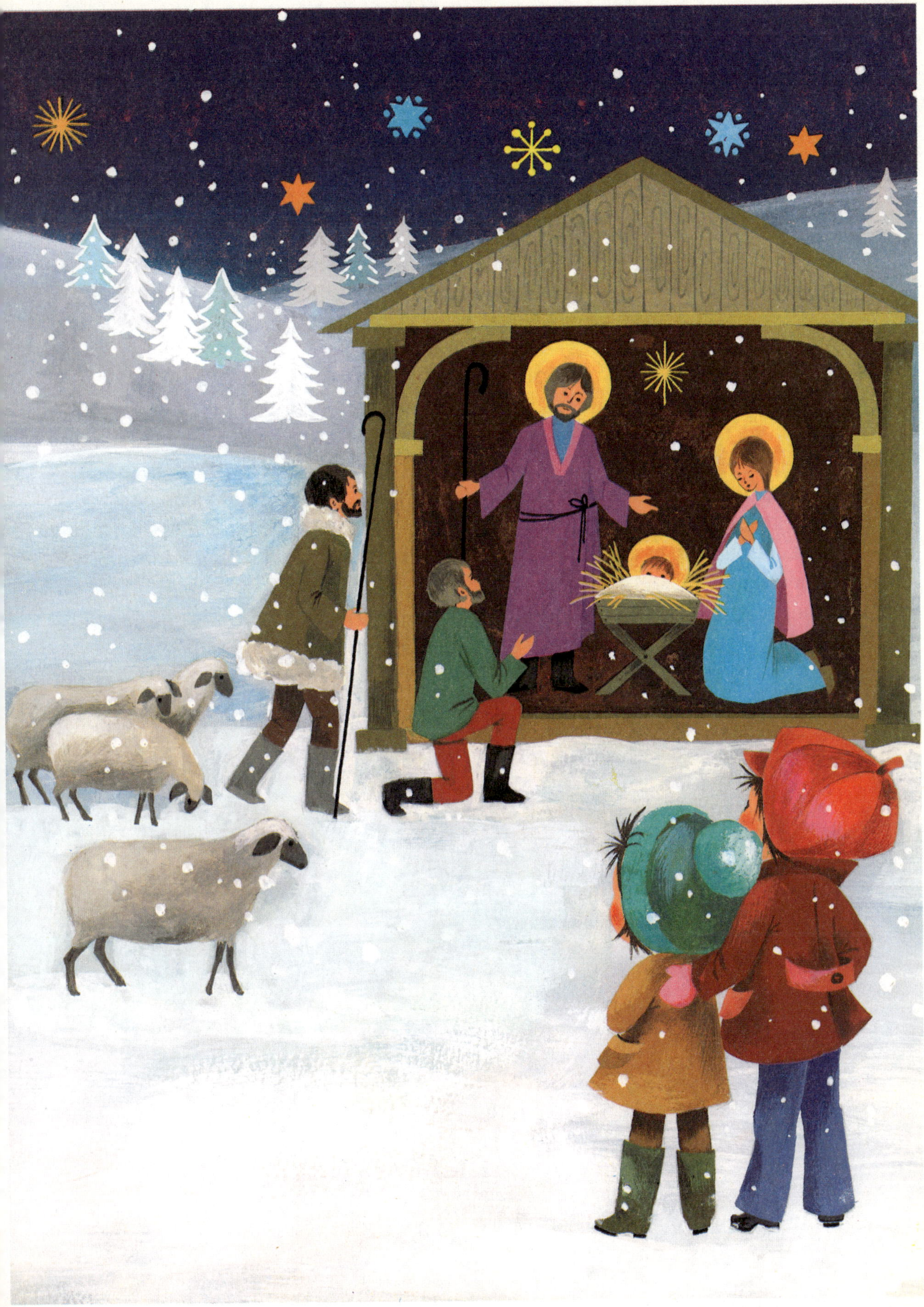

Die Hirten lauschten. Es war ihnen so wunderbar zumute! Diejenigen, die schon eingeschlafen waren, glaubten noch zu träumen, aber andere waren schon aufgesprungen, um, wie der Engel gesagt hatte, nach Betlehem zu eilen und den Heiland zu suchen. Nun aber geschah noch etwas anderes: Rings um den einen ersten Engel schwebten auf einmal andere selige Geister. Sie schienen vom Himmel herabzusteigen, als hingen tausend und aber tausend Leitern unsichtbar im Raum zwischen den Sternen, und über jede dieser Leitern kam eine Schar singender Knaben, geflügelt und in schimmernden Gewändern; viele hielten Harfen in den Händen, andere Flöten, und aus all dem Singen und Klingen, das den Himmel durchströmte, waren die Worte zu vernehmen:

> „Ehre sei Gott in der Höhe
> und Friede allen Menschen auf Erden,
> die guten Willens sind!"

Allmählich wurden die Stimmen leiser, der Glanz erlosch oder zog sich nach oben zurück, und schließlich standen nur noch die Sterne am Himmel. Die Hirten machten sich auf den Weg nach Betlehem. Als sie ankamen, war das Kindlein schon geboren, und Maria hatte es in Windeln gewickelt und in die Krippe gelegt.
Die Hirten fielen auf die Knie und beteten es an. Und keiner von ihnen vergaß diese Nacht, solange er lebte.

AM WEIHNACHTSMORGEN

Als der frühe Morgen graut
und durchs kleine Fenster schaut,
da erwachen beide schon,
und die Mutter sieht den Sohn,
der noch eben krank gewesen,
heiter, blühend und genesen.
Hundertfacher Kerzenschein
füllt das kleine Zimmerlein.
Und in herrlicher Verklärung
glänzt die prächtige Bescherung.
Alles hat in später Nacht
hier der Engel hergebracht;
Weihnachtsbaum in vollem Prangen,
wunderherrlich ausgeschmückt
und mit allem reich behangen,
was nur Aug' und Herz entzückt,
da ist auch der Struwwelpeter
und der lustige Trompeter;
Nüsseknacker steht dabei,
Hanselmänner sind es zwei,
Arche Noah und ein Hahn,
Häuser, Kirch' und Baum daran,
und daneben auf der Erd'
steht sogar das Schaukelpferd.

O du fröhliche Weihnachtszeit

Hell

Sizilianische Volksweise

1. O du fröh-li-che,___ o du se-li-ge,___ gna-den-brin-gen-de Weih-nachts-zeit! Welt___ ging ver-lo-ren, Christ___ ward ge-bo-ren: freu - e,___ freu-e dich, o Chri-sten-heit!

2. O du fröhliche, o du selige,
   gnadenbringende Weihnachtszeit!
   Christ ist erschienen,
   uns zu versühnen,
   freue, freue dich, o Christenheit!

3. O du fröhliche, o du selige,
   gnadenbringende Weihnachtszeit!
   Himmlische Heere
   jauchzen dir Ehre,
   freue, freue dich, o Christenheit!

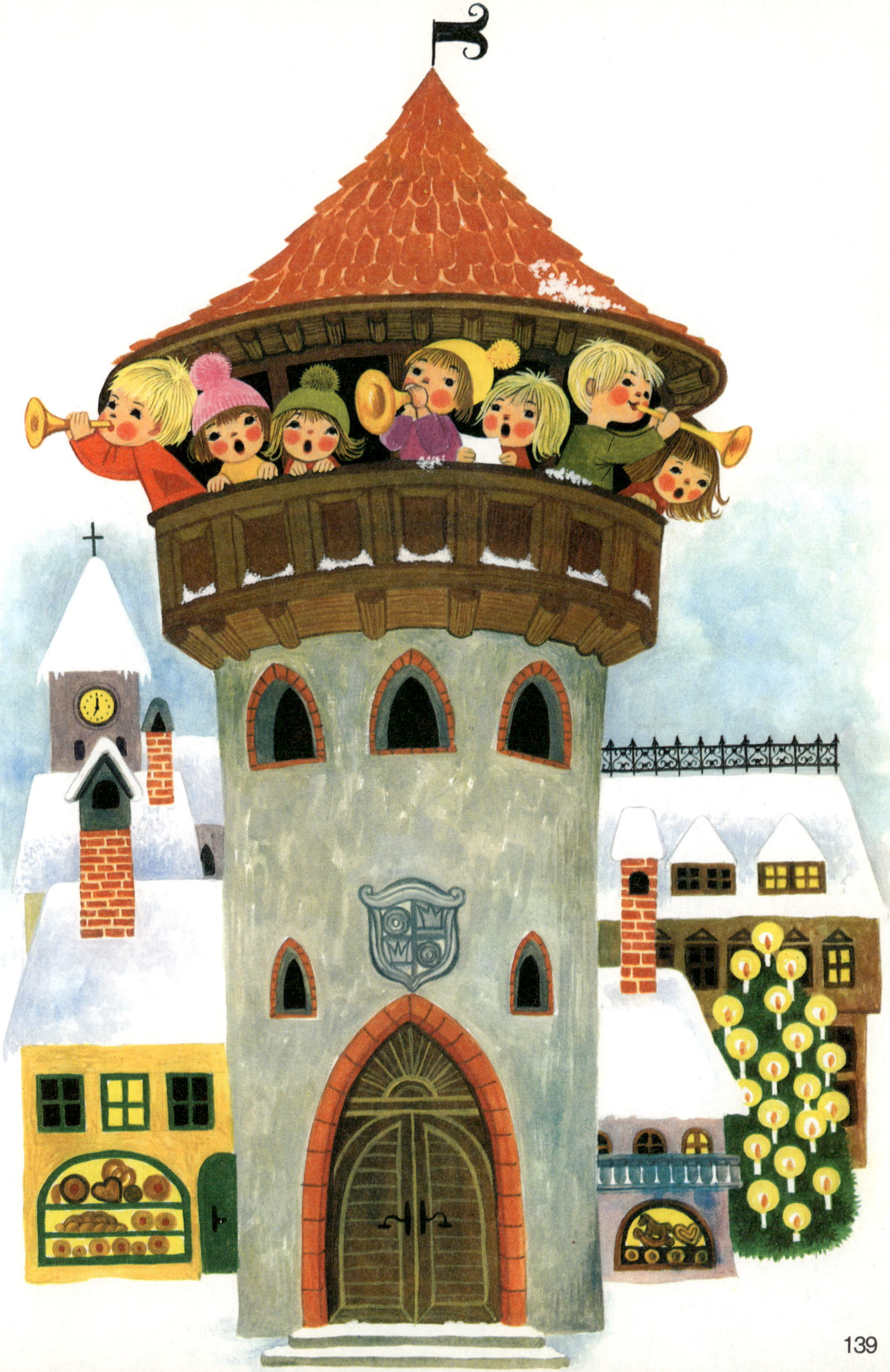

Stille Nacht, heilige Nacht

Ruhig

F. Gruber

1. Stil - le Nacht, hei - li - ge Nacht! Al - les schläft, ein - sam wacht nur das trau - te, hoch - hei - li - ge Paar. Hol - der Kna - be im lok - ki - gen Haar schlaf in himm - li - scher Ruh', schla - fe in himm - li - scher Ruh'!

2. Stille Nacht, heilige Nacht!
   Hirten erst kundgemacht,
   durch der Engel Halleluja
   tönt es laut von fern und nah!
   Christ, der Retter, ist da!

3. Stille Nacht, heilige Nacht!
   Gottes Sohn, oh, wie lacht
   Lieb' aus deinem göttlichen Mund,
   da uns schlägt die rettende Stund',
   Christ, in deiner Geburt!

INHALTSVERZEICHNIS

		Seite
Alle Jahre wieder...	(Wilhelm Hey)	4
Knecht Ruprecht	(Theodor Storm)	6
Nikolaussprüche	(Volksgut)	7
Leise rieselt der Schnee...	(Eduard Ebel)	8
Nuß-Säcklein (Rätsel)	(Friedrich Güll)	10
Die Weihnachtsengelein	(Lucy Malden)	11
Backrezepte für Lebkuchen und anderes Weihnachtsgebäck	(Liselotte M. Blasen)	31
Das himmlische Weihnachtsgebäck	(Dorothea Laudahn)	37
Der Traum	(Heinrich Hoffmann-von-Fallersleben)	57
Morgen, Kinder, wird's was geben...	(Volkslied)	58
Süßer die Glocken nie klingen...	(Friedrich Wilhelm Kritzinger)	60
O Tannenbaum	(Ernst Anschütz)	62
Wer bastelt mit?	(Berti Breuer-Weber)	64
Wichtel-Weihnacht	(Felicitas Kuhn)	68
Englein Silberhaar	(Sigrid Lüddecke)	86
Geschenke basteln und verpacken	(Berti Breuer-Weber)	105
Weihnachtswunder	(Theodor Storm)	110
Das Englein mit dem goldenen Näschen	(Margot Meusel)	111
Vom Himmel hoch...	(Volkslied)	131
Die Heilige Nacht		132
Weihnachtsmorgen	(Heinrich Hoffmann)	137
O du fröhliche...	(Johann Daniel Falk)	138
Stille Nacht, heilige Nacht	(Josef Mohr)	140